MIX
Papier aus verantwortungsvollen Quellen
Paper from responsible sources
FSC® C105338
FSC
www.fsc.org

Haftungsausschluss:

Die Ratschläge im Buch sind sorgfältig erwogen und geprüft. Alle Angaben in diesem Buch erfolgen ohne jegliche Gewährleistung oder Garantie seitens des Autors und des Verlags. Die Umsetzung erfolgt ausdrücklich auf eigenes Risiko. Eine Haftung des Autors bzw. des Verlags und seiner Beauftragten für Personen-, Sach- und Vermögensschäden oder sonstige Schäden die durch die Nutzung oder Nichtnutzung der Informationen bzw. durch die Nutzung fehlerhafter und/oder unvollständiger Informationen verursacht wurden, sind ausgeschlossen. Verlag und Autor übernehmen keine Haftung für die Aktualität, Richtigkeit und Vollständigkeit der Inhalte ebenso nicht für Druckfehler. Es kann keine juristische Verantwortung sowie Haftung in irgendeiner Form für fehlerhafte Angaben und daraus entstehende Folgen von Verlag bzw. Autor übernommen werden.

Sollte diese Publikation Links auf Webseiten Dritter enthalten, so übernehmen wir für deren Inhalte keine Haftung, da wir uns diese nicht zu eigen machen, sondern lediglich auf deren Stand zum Zeitpunkt der Erstveröffentlichung verweisen.

Bibliografische Informationen der Deutschen Nationalbibliothek

Die Deutsche Nationalbibliothek verzeichnet diese Publikation in der Deutschen Nationalbibliografie; detaillierte bibliografische Daten sind im Internet über http://dnb.dnb.de abrufbar.

1. Auflage

Redaktion: Marie Mika
Lektorat und Korrektorat: Lena Bauer, Annika Hülshoff
Umschlaggestaltung: Verena Klöpper
Satz und Layout: Verena Klöpper
Grafiken: Verena Klöpper
Grafik S. 14: VisualGeneration auf depositphotos.com

ISBN Print: 978-1-955655-44-6
ISBN E-Book: 978-1-955655-45-3

www.remote-verlag.de

WLADISLAW JACHTCHENKO

Redest du noch, oder überzeugst du schon?

Vom Anfänger zum Rhetoriker

Mit gratis Online-Kurs

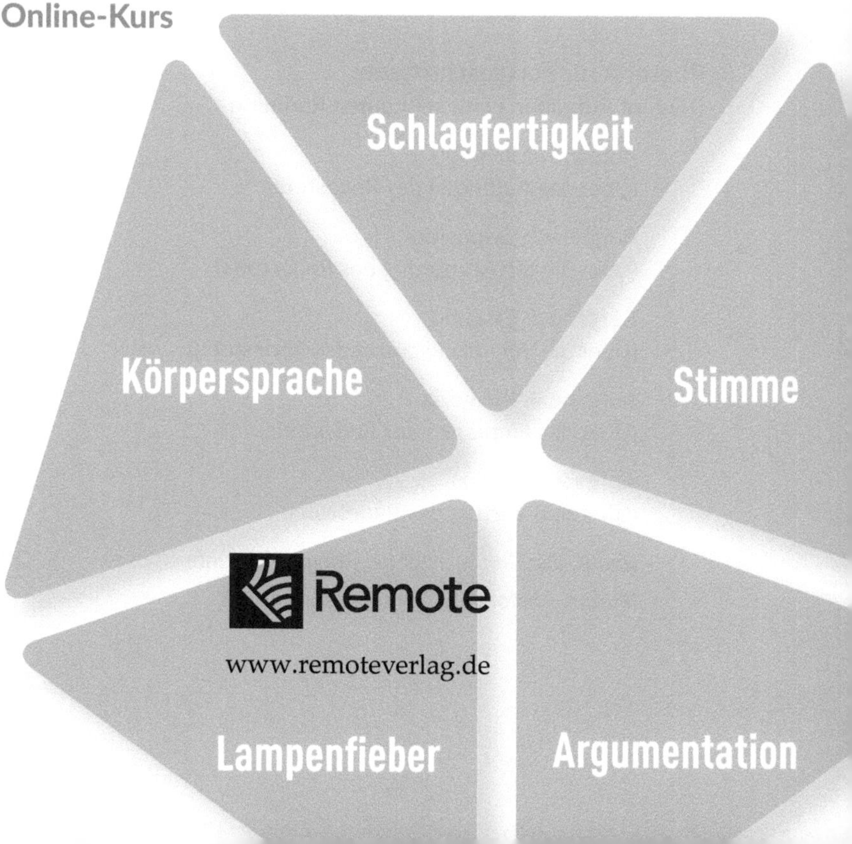

Remote

www.remoteverlag.de

Inhaltsverzeichnis

1. Einleitung: Was ist Rhetorik eigentlich? **S.09**

2. Vom Anfänger zum Rhetoriker: **S.17**
Die fünf Aufgaben eines guten Redners

Aufgabe 1: Die 10 Gebote der Rhetorik S.18

Aufgabe 2: Selbstbewusste Körpersprache S.35

Aufgabe 3: Selbstbewusste Stimme S.41

Aufgabe 4: Lampenfieber unter Kontrolle bringen S.50

Aufgabe 5: Mit guten Argumenten überzeugen S.63

Bonus: Antworten auf häufig gestellte Rhetorik-Fragen S.82

3. Rhetorik für Fortgeschrittene: **S.93**
Die fünf Aufgaben einer sehr guten Rednerin

Aufgabe 1: Inventio (Über das Auffinden des Redestoffs) S.97

Aufgabe 2: Dispositio (Über die Strukturierung des Redestoffs) S.112

Aufgabe 3: Elocutio (Über die Versprachlichung des Redestoffs) S.118

Aufgabe 4: Memoria (Über das Einprägen des Redestoffs) S.124

Aufgabe 5: Actio (Über den Vortrag des Redestoffs) S.128

Bonus: Die Großmeister der Rhetorik und ihre Tipps (Platon, Aristoteles, Quintilian, Tucholsky) S.129

4. Immer eine Antwort parat: Die 30 besten Schlagfertigkeitstechniken **S.143**

Was bedeutet Schlagfertigkeit? S.144

Woher kommt unsere Sprachlosigkeit? S.146

10 Schlagfertigkeitstechniken für Einsteiger S.148

10 Schlagfertigkeitstechniken für Fortgeschrittene S.163

10 Schlagfertigkeitstechniken für Profis S.176

Bonus: Mein Schlagfertigkeitsservice für dich S.193

5. Die drei besten Rhetorik-Übungen der Geschichte **S.195**

Übungstyp 1: Progymnasmata S.197

Übungstyp 2: Deklamationen S.199

Übungstyp 3: Debatten S.201

6. Schluss: Überzeugen und überzeugt werden **S.205**

Über den Autor **S.208**

Vorwort

Kein Mensch braucht Rhetoriktrainer!

In diesem Buch erfährst du alles über Rhetorik, was du wissen musst. Nach der Lektüre wirst du nicht nur reden, sondern auch überzeugen können. Mithilfe der über Jahrhunderte erprobten praktischen Übungen kannst du selbst – ganz ohne kostspieligen Rhetorik-Coach – an deiner Rhetorik feilen und zur eloquentesten Person im Raum werden. Kein Mensch braucht Rhetoriktrainer, Rhetoriktraining aber schon!

Rhetorische Grüße,

Dein Wlad

1

EINLEITUNG:

Was ist Rhetorik eigentlich?

Den Begriff «Rhetorik» gibt es seit über 2.500 Jahren, weswegen es nicht verwunderlich ist, dass von diesem Begriff viele Definitionen in der Welt umherschwirren. Ich möchte dir die drei bekanntesten Definitionen präsentieren.

Die erste Definition kommt von **Platon**[1]. Platon war übrigens ein scharfer Kritiker und Gegner der Rhetorik und entsprechend hat er sie definiert:

Die Rhetorik ist die Kunst des Überredens.

Das heißt, jemand, der sich der Rhetorik bedient, möchte nach Platon nicht die Wahrheit sagen, sondern versucht, den anderen mit scheinbarem Wissen und dunklen Manipulationstechniken zu überlisten. Rhetorik sei nur eine Scheinkunst und Rhetoriker bloß Wahrheitsjongleure.

Aristoteles, der bekannteste Schüler Platons, hat eine ganz andere Definition[2] formuliert und die Rhetorik darin von ihrem negativen Charakter befreit:

Die Rhetorik ist die Kunst des Überzeugens.

Der Rhetoriker möchte in diesem Sinne nicht bloß überreden, sondern besitzt die Fähigkeit, glaubwürdig zu argumentieren und mit seinen Inhalten zu überzeugen.

Die dritte und heute vielleicht gängigste Definition stammt von **Quintilian**, einem römischen Redelehrer.[3] Er schrieb:

Rhetorik ist die Kunst der Beredsamkeit.

Bei Quintilian steht also vor allem der ästhetische Aspekt der Rede im Vordergrund. Der Redner soll alle rhetorischen Register ziehen und durch seine Redegewandtheit begeistern.

Jetzt habe ich drei große Denker der Rhetorik vorgestellt und habe dabei einen fast vergessen! Nämlich **Cicero**. Dieser große römische Rhetor[4] hat behauptet, dass der ideale Redner drei Hauptaufgaben hat: Er soll

...lehren, sein Publikum erfreuen und seine Zuhörer emotional bewegen.

«Lehren» (docere) bedeutet im Kern, dass man dem Publikum inhaltlich etwas Wichtiges oder Neues zu sagen hat. «Erfreuen» (delectare) bedeutet, dass man so auftritt, dass man das Publikum als sympathischer und angenehmer Mensch auch entertaint. Schließlich bedeutet «bewegen» (movere), dass das Publikum am Ende der Rede passend zur eigenen Botschaft emotionalisiert wird, um dadurch ins Handeln zu kommen.

Warum lernen wir das nicht in der Schule, obwohl wir bereits dort Referate halten müssen? In Deutschland hat die Rhetorik einen relativ schlechten Ruf. Das hat historische Gründe. Im «Dritten Reich» wurde die Rhetorik für eine menschenfeindliche Ideologie missbraucht. Kein Wunder also, dass wir heute in der Schule keine Beredsamkeit erlernen. An den Universitäten sieht es nicht viel besser aus: Nur an der Universität Tübingen kann man das Fach Rhetorik studieren. Die Vernachlässigung der Rhetorik in der deutschen Bildung und Ausbildung führt letztlich dazu, dass die meisten Präsentationen und Meetings zum Einschlafen sind. Dabei helfen ein paar ausgewählte Rhetorik-Regeln und Rhetorik-Übungen, um dich vom Anfänger zu einem guten Rhetoriker zu machen (ab S. 17). Darüber hinaus findest du in diesem Buch Fortgeschrittenen-Tipps, mit denen du rhetorisch glänzen wirst (ab S. 93) sowie Schlagfertigkeitstechniken, mit deren Hilfe du nie wieder sprachlos bleibst (ab S. 143).

Im Buch verteilt findest du übrigens einige QR-Codes, die du mit deinem Smartphone einscannen kannst und über die du mich im Video- oder Audioformat siehst und hörst. Sie bieten dir weiterführende Informationen zu bestimmten Themenaspekten und stellen weitere Lernkanäle dar, mit deren Hilfe du noch schneller die Rhetoriktipps beherrschen wirst. Freu dich auf das schöne Gefühl, deine Mitmenschen von deinen Ideen überzeugen zu können!

Dein kostenloser Videokurs:

«Die 12 besten Kommunikations-Tools der Welt»

Liebe Leserin, lieber Leser,

in diesem Buch bekommst du viele praktische Kommunikationstipps für deinen Alltag. Ich möchte dir als Dank für dein Vertrauen einen Videokurs schenken, in welchem du die aus meiner Sicht besten Kommunikationstools aller Zeiten bekommst. Die 12 Tools kommen von modernen Kommunikations-Koryphäen wie Dale Carnegie und Marshall Rosenberg, aber auch von alten Rhetorikmeistern wie Platon und Cicero. Ich werde dir im Videokurs nicht nur die besten Tools verraten, sondern auch zeigen, wie ich sie in meine Alltagskommunikation integriere.

Diese exklusive Videoreihe wurde speziell entwickelt, um das Wissen aus diesem Buch zu vertiefen und dir zusätzliche praktische Beispiele zu bieten. Verpasse nicht die Gelegenheit und schnappe dir den Videokurs unter diesem Link https://12tools.argumentorik.com oder über den folgenden QR-Code:

JETZT SCANNEN!

https://12tools.argumentorik.com

Melde dich jetzt kostenlos an und werde noch schneller zu einem Kommunikations-Profi!

Dein,

Wladislaw Jachtchenko

2

VOM ANFÄNGER ZUM RHETORIKER:

Die fünf Aufgaben eines guten Redners

Egal, was für eine Fähigkeit du erlernen willst: Am Anfang stehen immer einige wenige Grundregeln, die die Basis dieser Fähigkeit bilden und die du beherrschen solltest, wenn du weit kommen willst. Die wichtigsten zehn rhetorischen Grundregeln stelle ich dir gleich als die «10 Gebote der Rhetorik» vor. Anschließend schauen wir uns vertieft die Themen Körpersprache, Stimme und Lampenfieber an, die gemeinsam dein Auftreten bestimmen. Doch glänzt ein guter Rhetoriker nicht nur durch gutes Auftreten, sondern auch mit guten Inhalten. Daher werden wir uns anschauen, wie du besser argumentieren kannst. Am Ende des Tages gilt nämlich: Rhetorik ohne Argumentation ist leer – Argumentation ohne Rhetorik ist lahm.

Aufgabe 1: Die 10 Gebote der Rhetorik

Die erste Aufgabe des guten Redners ist es also, die 10 Gebote der Rhetorik zu kennen und bei jeder Präsentation aktiv anzuwenden. Doch woher kommen eigentlich diese 10 Gebote? Die sind natürlich weder im Koran noch in der Bibel zu finden. Ich habe sie aus über 150 gelesenen Büchern zu Rhetorik und Argumentation für dich zusammengestellt. Zu den Büchern zählen zum Beispiel die «Rhetorik» des Aristoteles, Platons Dialoge wie «Gorgias» und «Phaidros», Quintilians zwölfbändige «Ausbildung des Redners», Perelmans «Neue Rhetorik» und Ciceros «Über den Redner». Ich habe also das Beste aus über 150 Büchern in zehn Regeln für dich zusammengefasst. Wenn du alle 10 Gebote beherrschst, dann kommst du deinem Ziel, ein guter Redner zu werden, ein richtig großes Stück näher.

Erstes Gebot: Kenne dein Publikum!

Das erste Gebot der Rhetorik lautet: Kenne dein Publikum! Es ist sehr wichtig, zu unterscheiden, vor welchem Publikum man spricht. Es gibt dazu ein wunderschönes Zitat, welches meist Konrad Adenauer zugeschrieben wird:

«Wir leben alle unter dem gleichen Himmel, aber wir haben nicht alle den gleichen Horizont»

Ein Zitat, welches deutlich macht, dass alle Menschen anders sind und anders denken. Der gute Redner muss also unbedingt beachten, vor welchem Publikum er steht. Er stellt sich folgende Fragen:

- Handelt es sich um ein *Fachpublikum* oder um ein *Laienpublikum?*
- Ist es ein *junges* Publikum oder ist es ein *älteres* Publikum?
- Erwartet das Publikum ein *lockeres* oder *seriöses* Auftreten?
- Sind es *Männer, Frauen* oder ist es ein *gemischtes* Publikum?
- Aus welcher *sozialen Schicht* kommen meine Zuhörer?
- Was ist ihre *Nationalität*? Welcher *Religion* gehören sie an? Welcher *Partei*?

Der gute Redner beantwortet vor jeder Präsentation diese Fragen und passt dementsprechend seine Rede an. Denn es ist so, dass ein und dieselbe Rede vor dem einen Publikum mit tosendem Applaus beschenkt wird, während sie einem anderen Publikum langweilig erscheint. Der Redner muss sich also zuallererst fragen, wer da genau vor ihm sitzt.
Kleiner Zusatztipp: Nachdem du in Erfahrung gebracht hast, wer vor dir sitzen wird, solltest du dir auch darüber Gedanken

machen, was die Menschen aktuell über dein Thema denken und wovon sie mehrheitlich überzeugt sind. Was sind ihre Ansichten, an die du argumentativ anknüpfen kannst? Inhaltlich solltest du die Zuhörer genau dort abholen, wo sie aktuell gedanklich stehen. Stelle dir vor jeder Rede die gleiche Frage: Wer sitzt vor mir und welche Ansicht ist die aktuell herrschende Meinung meines Publikums?

Zweites Gebot: Sprich frei!

Das zweite Gebot der Rhetorik lautet: Sprich frei! Es gibt dazu ein sehr schönes Zitat von Henry Kissinger:

«Eine abgelesene Rede garantiert, dass Ihnen das Publikum nicht zuhört.»

Sehr häufig kommt es vor, dass Redner aufgrund von starkem Lampenfieber ein Skript zur Hand nehmen und die Rede fast vollständig ablesen. Das ist suboptimal und es gibt drei gute Gründe, warum man unbedingt Blickkontakt mit seinem Publikum halten sollte.

1. Es spricht für die Kompetenz des Redners. Denn man hat das Gesagte im Kopf, braucht keine inhaltliche Stütze und wirkt dadurch viel souveräner.
2. Durch Blickkontakt kann man Vertrauen zum Publikum aufbauen.
3. Man kann die Reaktionen des Publikums auf das Gesagte beobachten und herausfinden, womit die Zuhörer einverstanden und nicht einverstanden sind.

Der gute Redner spricht daher stets frei. Wenn du Anfänger bist auf dem Gebiet der Rhetorik, dann denkst du jetzt eventuell: Komplett frei reden? Das kann ich nicht! Dann habe ich für dich folgenden guten Tipp: Du kannst dir durchaus einen kleinen Zettel mit drei bis fünf Schlagworten vorbereiten, den du beispielsweise in der Tasche versteckst. Diesen Zettel kannst du bei Bedarf herausholen, das Schlagwort anschauen und wirst dich so schnell an den nächsten Punkt erinnern. Danach kannst du ihn ganz langsam und souverän wieder zurück in der Tasche verschwinden lassen (oder auf ein Pult vor dir legen) und die Präsentation, als wäre nichts gewesen, fortsetzen.

Eins ist aber klar: Je weniger du abliest, desto besser kommst du beim Publikum an, desto souveräner, kompetenter und vertrauenswürdiger wirkst du. Probiere also generell in deinen Präsentationen kein ausformuliertes Skript (das verleitet zum Ablesen), sondern eine Schlagwort-Liste zu nutzen, die du zunächst in der Hosentasche hältst und nur bei Bedarf herausholst.

Drittes Gebot: Halte dich möglichst kurz!

Das dritte Gebot der Rhetorik lautet: Halte dich möglichst kurz! Dazu ein schönes Zitat von Mark Twain:

> ***«Eine gute Rede hat einen guten Anfang,***
> ***ein gutes Ende und beides liegt möglichst nah beieinander.»***

Warum hat Mark Twain das gesagt? Es ist offensichtlich: Je länger wir reden und der Vortrag damit dauert, desto langweiliger wird er. Es gibt eine ganz natürliche Aufmerksamkeitskurve, die oben beginnt und abfällt, je länger wir reden.

Die Aufmerksamkeit des Publikums sinkt somit mit der Zeit. Solltest du also von deiner Chefin die Aufforderung erhalten, einen 15 bis 20-minütigen Vortrag vorzubereiten, dann solltest du im Idealfall alles in zehn Minuten sagen und am Ende den Zuhörern die Möglichkeit geben, Fragen zu stellen. Die Fragen und deren Beantwortung sind interaktiv und fast nie langweilig. Ich zum Beispiel baue bei einer Präsentation von 45 Minuten immer mindestens drei Fragerunden ein – und die Zuschauer lieben es, weil sie kritisieren, ergänzen und bekräftigen wollen. Wo wir schon bei Mark Twain sind, er sagte auch:

«If you have nothing to say, say nothing.»

Sollte es demzufolge keinen wirklichen Anlass für einen Vortrag geben, dann könntest du dir überlegen, stattdessen zum Beispiel eine E-Mail zu schreiben, um nicht unnötig die Zeit der Menschen durch einen Vortrag zu verschwenden. Denn seien wir ehrlich: Die Menschen freuen sich, wenn ein Meeting abgesagt wird. Schenken wir ihnen diese Freude, wenn es tatsächlich mal nichts zu sagen gibt und etwa ein Jour fixe keinen Sinn ergibt.

Da die Aufmerksamkeitskurve bei einem Publikum mit der Zeit immer weiter nach unten abfällt, ist es für den fortgeschrittenen Redner zudem wichtig, den wichtigsten Inhalt seiner Rede am Anfang zu platzieren. Viele Anfänger machen den Fehler und nennen das Wichtigste zum Schluss mit dem Gedanken, das Highlight der Rede als i-Tüpfelchen zu setzen, um das Publikum zum Schluss für sich zu gewinnen. Die Gefahr dabei besteht, dass ein großer Teil des Publikums dir gar nicht mehr zuhört, weil er ermüdet ist vom glanzlosen Einstieg und Mittelteil deiner Präsentation. Für Fortgeschrittene gilt folglich: Wichtige Botschaften, Argumente, Zahlen und Grafiken gehören an den Anfang jeder Rede, weil das Publikum hier die meiste Aufmerksamkeit für das Gesagte aufbringt.

Viertes Gebot: Sprich engagiert!

Das vierte Gebot der Rhetorik lautet: Sprich engagiert! Hier ein schönes Zitat von Martin Luther:

«Tritt frisch auf, tu's Maul auf, hör bald auf!»

Der Fokus liegt auf dem Teil «tritt frisch auf»! Der große Reformator wusste, worauf es beim Reden ankommt. Ein weiteres schönes Zitat zu demselben Thema, diesmal von Augustinus:

«In dir muss brennen, was du in anderen entzünden willst.»

Das klingt zwar etwas zu pathetisch, macht aber auf einen ganz wichtigen Punkt aufmerksam: Der Redner sollte nicht müde, gelangweilt, zu passiv oder träge sein. Denn das Publikum möchte Energie und Entertainment von dir. Nicht umsonst gibt es den neuen Modebegriff Infotainment, welches ein Kofferwort aus «Information» und «Entertainment» ist. Insbesondere die YouTube-Kultur, in der man zu jeder Zeit ein Video wegklicken kann, zwingt den Redner in der heutigen Zeit dazu, möglichst engagiert zu sprechen. Sprichst du bei deiner Präsentation nicht engagiert und bist du träge wie eine hängende Nudel, dann schaltet das Publikum sehr schnell ab und wendet sich Smartphones oder Laptops zu. Somit heißt die Devise: Lieber kürzer reden, dafür aber energetisch und engagiert!

Fünftes Gebot: Sprich strukturiert!

Das fünfte Gebot der Rhetorik lautet: Sprich strukturiert! Immer wieder gehen in meinen Rhetorik-Seminaren Redner einfach nach vorne, ohne sich vorher eine klare Struktur für ihre Präsentation zu überlegen. Das ist ein echtes Problem, denn für das Publikum ist es dann sehr schwer, zu folgen. Dabei kannst du dich einfach an das klassische Schema halten, welches wir alle in der Schule gelernt haben:
Einleitung – Hauptteil – Schluss.

Es ist so einfach, aber über die Hälfte (!) der Redner haben leider keine erkennbare Struktur. Du wirst natürlich ab heute immer strukturiert vorgehen: In der Einleitung sagst du, über welches Thema du reden bzw. welche These du vertreten wirst. Im Hauptteil kommen dann dein Inhalt und die Argumentation. Im Schluss fasst du dann noch einmal das Wichtigste zusammen und gibst idealerweise dem Publikum eine Handlungsanweisung.

Für Fortgeschrittene noch ein kleiner Zusatztipp: Neben dem klassischen Strukturschema gibt es natürlich noch weitere, beispielsweise die Struktur in medias res (mitten in die Dinge hinein). Hier verzichtet der Redner auf die Einleitung und beginnt den Vortrag sofort mit dem wichtigsten Inhalt. Eine weitere kluge Redestruktur ist die Pro-Contra-Struktur. Nach einer kurzen Einleitung stellst du die Pro-Argumente dar und anschließend die Contra-Argumente. Im letzten Schritt vergleichst du die Pro- und Contra-Argumente miteinander, machst also eine Abwägung und stellst ein Fazit darüber auf, welche Argumente überwiegen. Eine weitere kluge Redestruktur ist die lösungsorientierte Struktur. Bei dieser stellst du zu

Beginn ein Problem dar, nennst eine Ursache für das Problem und bietest zum Schluss einen Lösungsweg und die konkreten Methoden zur Lösung des Problems an.

Die Lernpsychologie lehrt uns, hin und wieder das Medium zu wechseln. Deswegen werde ich hin und wieder Verweise zu meinen Podcast-Folgen und YouTube-Videos mittels eines QR-Codes machen. Scanne diese QR-Codes einfach mit deinem Smartphone ab und vertiefe durch Audio und Video dein Wissen! So habe ich hier eine schöne Podcast-Folge für dich aus meinem Podcast «MENSCHEN ÜBERZEUGEN» zu insgesamt sechs Möglichkeiten, eine Rede sinnvoll zu strukturieren:

JETZT SCANNEN!

https://argumentorik.podbean.com/e/42-richtig-strukturieren-6-moglichkeiten-deine-gedanken-zu-ordnen/

Egal für welche Struktur-Möglichkeit du dich letztendlich entscheidest: Wichtig ist, dass du sie dir vorher überlegst und ankündigst, sodass das Publikum genau weiß, wie dein Vortrag aufgebaut sein wird. Zudem ist eine klare Struktur natürlich auch sehr gut für dich selbst: Hast du eine bestimmte Struktur fest in deinem Kopf verankert, dann ist es für dich viel einfacher, frei und ohne Skript zu reden, da du beim Präsentieren genau weißt, wohin die Reise geht.

Sechstes Gebot:
Benutze rhetorische Stilmittel!

Das sechste Gebot lautet: Benutze rhetorische Stilmittel. Dazu ein schönes Zitat von Friedrich Nietzsche:

«Den Stil verbessern heißt, den Gedanken verbessern und nichts weiter.»

Mit anderen Worten: Der Redestil und der Redeinhalt hängen sehr eng miteinander zusammen. Wenn du klare Begriffe wählst, wird der Inhalt klarer. Wenn du kürzere Sätze wählst, wird der Inhalt verständlicher. Wenn du Vergleiche und Sprachbilder nutzt, dann wird der Inhalt anschaulicher. Doch was sind denn nun diese rhetorischen Stilmittel?

Eventuell erinnerst du dich noch an den Deutschunterricht. Damals sprach der Deutschlehrer von Anapher, Epipher, Paradoxon, Zeugma und Adynaton. Es gibt unzählige rhetorische Stilmittel. Wichtig und insbesondere in Vorträgen praktisch anwendbar sind allerdings nur wenige davon. Drei wichtige Stilmittel, die du am besten in jeder Präsentation verwenden solltest, möchte ich jetzt vorstellen.

Erstens: die **Metapher**, also das Sprachbild. Bilder sind meist das, was beim Publikum am Ende des Vortrags hängen bleibt. Du sagst beispielsweise: «Ich komme bei ihm nicht weiter.» Das klingt nicht so schön. Oder du formulierst diesen Gedanken in einem Sprachbild und sagst: «Bei ihm beiße ich auf Granit.» Diese Metapher veranschaulicht das Nicht-Weiterkommen besser und der Inhalt wird intensiver erlebt. Du kannst entweder geläufige Sprachbilder verwenden, wie «es war ein Sturm im Wasserglas» oder «ein Tanz auf der Rasierklinge» – oder du entwickelst eigene Sprachbilder, die den Zuhörern das Gesagte bildhaft vor Augen führen. Aristoteles sagte übrigens, dass die Metapher das wichtigste Stilmittel ist – und der Mann war nicht unklug. Deswegen werden wir im Fortgeschrittenen-Teil nochmals auf die Metapher zurückkommen.

Das zweite für uns wichtige rhetorische Stilmittel ist die **Wiederholung**. Häufig spulen wir unseren Inhalt Punkt für Punkt ab und setzen uns anschließend wieder auf unseren Platz. Das ist jedoch rhetorisch gesehen nicht optimal. Wenn du eine Meinung vertrittst und diese Meinung deinem Publikum vermitteln möchtest, dann musst du sie häufiger im Verlauf der Rede wiederholen. Erst durch die Wiederholung versteht dein Publikum, was für dich wirklich wichtig ist. Und erst durch die Wiederholung können sich deine Zuhörer den wichtigsten Punkt von dir einprägen.

Drittes wichtiges Stilmittel: die **Kunstpause.** Oft beobachte ich, dass Redner ohne Punkt und Komma reden und überhaupt keine Pausen machen. Man sagt ja so schön: «Er redet wie ein Wasserfall!» – doch der gute Redner nutzt bewusst Pausen. Pausen sind angenehm für das Publikum und die Zuhörer können das Gesagte «sacken lassen». Das führt dazu, dass du besser verstanden wirst.

Für den fortgeschrittenen Redner heißt es selbstverständlich, dass er nicht nur diese drei vorgestellten rhetorischen Stilmittel kennen sollte, sondern auch weitere zum Einsatz bringt wie zum Beispiel den Parallelismus, die Anapher oder die Paralipse. Ich empfehle dabei die «Liste rhetorischer Stilmittel», welche du auf Wikipedia findest. Dort gibt es eine ausführliche

Auflistung vieler rhetorischer Stilmittel inklusive passender Beispiele. Als Anfänger der Rhetorik solltest du zu Beginn aber erst einmal die Metapher, die Wiederholung und die Kunstpause beherrschen und in jeder Präsentation zum Einsatz bringen. Allein durch sie wirst du deine Präsentation um ein Vielfaches verbessern.

Siebtes Gebot: Achte auf deine Körpersprache!

Das siebte Gebot der Rhetorik lautet: Achte auf deine Körpersprache! Wir alle wissen, dass Körpersprache sehr wichtig ist. Daher werden wir das Thema in einem separaten Kapitel ausführlicher behandeln (S. 33). Diesen berühmten Satz von Paul Watzlawick[5] könntest du kennen:

«Man kann nicht nicht kommunizieren.»

Selbst wenn du nicht sprichst, spricht deine Körpersprache Bände: deine Haltung, deine Gestik, deine Blickrichtung – aus allem lässt sich ableiten, wie du zu einem Thema stehst. Viele Experimente aus der Psychologie zeigen tatsächlich, dass die Körpersprache für den Eindruck beim Publikum eine enorme Bedeutung besitzt. Das wichtigste Experiment zur Körpersprache ist jenes von Albert Mehrabian. Er hat untersucht, wem die Menschen vor allem bei widersprüchlichen Aussagen mehr Glauben schenken – dem Inhalt oder der Körpersprache. Sein Ergebnis: Im Zweifel glauben wir eher der Körpersprache als dem gesprochenen Wort. Wahrscheinlich ist der Grund dafür, dass wir unbewusst wissen, dass es viel einfacher ist, mit seinen Worten zu lügen als mit seiner Körpersprache.

Achtes Gebot: Achte auf deine Stimme!

Das achte Gebot lautet: Achte auf deine Stimme. Natürlich ist die Stimme zunächst das Werkzeug des Redners, allerdings ist sie noch viel mehr als das. Es gibt den sehr schönen Satz:

«Die Stimme bestimmt die Stimmung.»

Durch die Art und Weise, wie wir reden, transportieren wir unsere Gefühle, Gefühlslagen und unsere eigene Haltung zu einem Thema. Auch zu der Stimme führte Albert Mehrabian Experimente durch. Er fand heraus, dass Menschen besonders bei Widersprüchlichkeiten zwischen Klang und Inhalt mehr der Intonation der Stimme Glauben schenken als dem tatsächlich gesprochenen Wort. Im Zweifel vertrauen Menschen also eher der Stimme. Wenn man eine Person am Telefon fragt, wie es ihr denn gehe und sie antwortet in einer zögerlichen, leisen Stimme «gut», dann hören wir zwar auf der verbalen Ebene eine positive Botschaft. Achtet man allerdings die leise, schwache und etwas verzögerte Antwort, dann erkennt man sofort, dass die Person sich nicht wirklich gut fühlt. Insofern ist es extrem wichtig, während des ganzen Vortrags auf die eigene Stimme zu achten und die Intonation dem Inhalt anzupassen. Mehr zur Stimme erfährst du etwas später, im Kapitel «Selbstbewusste Stimme» (S. 41).

Doch höre dir gleich in einer weiteren Podcast-Folge an, wie sich deine Stimme sympathischer anhören kann:

JETZT SCANNEN!

https://argumentorik.podbean.com/e/12-stimme-verbessern-10-tipps-um-besser-zu-klingen-und-fur-eine-sympathischere-spannendere-stimme/

Neuntes Gebot: Vertiefe deine Argumente!

Das neunte Gebot der Rhetorik lautet: Vertiefe deine Argumente. Was nützt dir gutes Auftreten, also eine tolle Körpersprache und Stimme, wenn der Inhalt schwach ist? Um dem vorzubeugen, bereiten viele Redner zahlreiche Argumente vor, um das Publikum zu überzeugen. Doch verstoßen sie damit gegen eine alte Rhetorikregel aus der Antike:

«Argumente sind nicht zu zählen, sondern zu wiegen.»

Es geht also nicht um die Anzahl der gebrachten Argumente, sondern um deren Tiefe beziehungsweise ihr Gewicht. Einfach ausgedrückt: Es ist überzeugender, ein starkes Argument zu haben, als fünf schwache. Dabei bestimmt vor allem die Begründung und ihre Plausibilität, wie stark das Argument ist. Genau hier argumentieren viele Anfänger zu kurz und zu oberflächlich. Das Argumentieren von der Pike auf erlernen kannst du daher ausführlich im Kapitel «Gute Argumente» (S. 63).

Zehntes Gebot: Übe deine Rede laut!

Das letzte Gebot der Rhetorik lautet: Übe deine Rede mindestens einmal laut. Ein schönes Zitat von Benjamin Franklin dazu lautet:

«If you fail to prepare, you prepare to fail."

Frei übersetzt: Wenn du dich nicht vorbereitest, bereitest du dein Scheitern vor. Für deine Rede heißt das, dass du sie laut (!) einüben solltest. Aus meiner langjährigen Erfahrung machen das leider die absolut wenigsten. Dabei ist das Üben der Rede wesentlich, weil du dann weißt, wie lange du redest, an welcher Stelle dir möglicherweise Wörter fehlen und an welchen Stellen du noch an den Übergängen arbeiten solltest, damit die Rede plastischer und flüssiger wird. Die Rede im Kopf durchzugehen ist dabei nicht gut genug, weil wir meist schneller denken, als wir sprechen und bestimmte Worte und Gedanken im Kopf einfach überspringen.

Für Fortgeschrittene der Tipp: Die Rede nicht nur einmal laut proben, sondern gleich mehrmals und mindestens so lange, bis der Vortrag tatsächlich sitzt. Insbesondere bei wichtigen Vorträgen, Präsentationen oder Testsituation ist es sehr ratsam, die Rede fünf oder zehn Mal laut zu üben (mache ich auch!). Nur zehn Prozent der Menschen setzen das Gebot in die Tat um. Eine große Chance für dich, hier richtig gut zu punkten.

In der heutigen Zeit werden immer mehr Präsentationen online gehalten. In einer Videokonferenz gelten einige neue Regeln, welche ich zur digitalen Rhetorik zähle. Welche Regeln das sind und wie sie die 10 Gebote der Rhetorik ergänzen, erfährst du in meinem Vortrag hier:

JETZT SCANNEN!

https://www.youtube.com/watch?v=_oA0c8eQ6Bc

Nach der Theorie wird es nun natürlich Zeit für die erste praktische Übung!

Praktische Übung Nr. 1: «Die Memory Challenge»

Nachdem du nun alle 10 Gebote der Rhetorik kennengelernt hast, kommen wir zur ersten praktischen Übung:

Versuche dich jetzt an möglichst viele der Rhetorik-Gebote zu erinnern und beschreibe jedes Gebot mit etwa drei Sätzen (in eigenen Worten)!

Ein ganz allgemeiner Tipp, bevor es mit dem Kapitel «Selbstbewusste Körpersprache» weitergeht: Es ist sehr ratsam, sich parallel zum Lesen wesentliche Punkte herauszuschreiben. Denn dann hast du den Inhalt nicht nur gelesen, sondern ihn auch aufgeschrieben und damit einen weiteren Wahrnehmungskanal aktiviert. Dadurch steigerst du die Wahrscheinlichkeit, dass du mehr Wissen behältst. So kannst du noch mehr aus diesem Buch herausholen. Leg dir doch ein Rhetorik-Notizbuch zurecht, in welches du deine Gedanken und die wichtigsten Inhalte des Buches kurz mit eigenen Worten schriftlich zusammenfasst. Ist zwar auf den ersten Blick aufwendig, doch die größere Auseinandersetzung mit den Inhalten führt dazu, dass du die Inhalte besser verinnerlichst. Und darum geht es ja.

Aufgabe 2: Selbstbewusste Körpersprache

Zum Thema Körpersprache habe ich eine interessante Neuigkeit für dich:

Du bist bereits Experte der Körpersprache!

Das ist eine ungewöhnliche These, nicht wahr? Doch stelle ich tatsächlich immer wieder in meinen Rhetorik-Seminaren fest, dass die Menschen sehr gute Beobachter sind. Obwohl du keine 100 Bücher über Körpersprache gelesen hast, kannst du sehr genau sagen, was der andere Redner mit seiner Körpersprache nicht ganz richtig macht und ob er nervös ist. Warum ist das so?

Das hat evolutionäre Ursachen. Früher war es sehr wichtig, festzustellen, ob der andere uns gut oder schlecht gesinnt ist, ob er uns angreifen möchte oder uns mit Freundlichkeit gegenübertritt. Über Jahrtausende haben wir Homo sapiens gelernt, Gesten und Gesichtszüge genau zu deuten – und es hat uns geholfen, zu überleben. Das ist aber nur die eine Hälfte der Wahrheit. Die andere Hälfte ist leider nicht so erfreulich: Obwohl wir das passive Wissen über Körpersprache haben und kleinste Gesichtsveränderungen interpretieren können, sind wir relativ schlecht darin, selbst unsere Körpersprache unter Kontrolle zu halten, insbesondere wenn wir vor Publikum eine Rede halten sollen. Die Körpersprache eines Rhetorik-Anfängers wirkt nicht selten nervös und unbeholfen. Der Grund ist, dass wir selten üben, unsere eigene Körpersprache bewusst und gekonnt einzusetzen und uns selten zum Beispiel per Kamera (Smartphone) aufnehmen und uns anschauen, wie wir unsere Hände, Mimik und Bewegungen besser einsetzen könnten.

Soviel sei jetzt schon vorweggenommen: Eine souveräne Körpersprache wirkt souverän. Der Mensch, der sicher steht und ruhig und gekonnt gestikuliert, kommt auf jeden Fall sehr viel besser beim Publikum an als einer, der unruhig steht und wild herumgestikuliert. Worauf es bei der Körpersprache ankommt, das schauen wir uns mal jetzt genau an.

Was bedeutet guter Blickkontakt?

Der wichtigste Aspekt bei der Körpersprache ist der Blickkontakt. Nervöse Menschen schauen nicht ins Publikum, sondern nach unten auf den Boden, nach oben über das Publikum, aus dem Fenster – oder natürlich auf die eigene PowerPoint-Folie. Richtig ist aber: Der Blick sollte zu 100 Prozent der Zeit auf dem Publikum liegen.

Zudem solltest du anstreben, alle Menschen im Raum gleichmäßig und gleich viel anzuschauen. Viele Redner schauen, wenn sie nervös sind, zum Beispiel nur in die vorderen oder hinteren Reihen, nur nach rechts oder nur nach links. Oder nur auf einen Bekannten. Ein souveräner Redner lässt seinen Blick jedoch über den gesamten Raum schweifen und gibt jedem Einzelnen aus dem Publikum auf diese Weise das Gefühl, dass er direkt zu ihm spricht. Zudem sollte man nicht hektisch umherschauen. Der Blick darf also nicht nervös und hektisch von Person zu Person huschen. Als Richtwert sollte man sich pro Person zwei bis vier Sekunden Zeit nehmen, sodass sich der Zuhörer tatsächlich gesehen und angesprochen fühlt.

Jetzt zum Gesichtsausdruck: Versuche, beim Reden deinen Gesichtsausdruck zu entspannen. Denn vielen, die vorne vor Publikum stehen, ist ihr Lampenfieber (dazu kommen wir ja noch) sprichwörtlich ins Gesicht geschrieben. Manche ziehen die Stirn in Falten, andere haben ein versteinertes und emotionsloses Gesicht. Ein guter Redner wird darauf achten, dass der Blickkontakt nicht angestrengt und angespannt ist, sondern natürlich und locker herüberkommt. Als würde man eine Gruppe von Freunden anschauen.

Ein letzter Tipp zum Blickkontakt: Anfänger schauen vor allem dann weg (zum Beispiel auf den Boden), wenn sie nachdenken müssen – sie sammeln den Gedanken quasi vom Boden auf! Wenn er ihnen dann wieder eingefallen ist, halten sie erneut Blickkontakt. Leider wird dieses Verhalten vom Publikum als Schwäche interpretiert: Der Redner ist aus Sicht der Zuhörer schlecht vorbereitet, inkompetent oder unsicher. Folglich heißt das für dich, dass du auch während des Nachdenkens deine Zuhörer durchgehend anschauen musst. Beim Denkprozess in das Publikum hineinschauen erfordert etwas Übung, doch steigerst du damit erheblich deine Souveränität. Wie du diesen konstanten Blickkontakt selber trainieren kannst, dazu kommen wir am Ende dieses Abschnitts.

Was ist die richtige Körperhaltung?

Zunächst gilt: aufrecht stehen. Ein berühmtes Beispiel ist unsere ehemalige Bundeskanzlerin Angela Merkel, die ihre Schultern häufig zu weit nach vorne fallen ließ und sich dadurch kleiner gemacht hat. Aufrecht heißt aber nicht statisch! Heißt: Bring etwas Schwung mit. Allein das Drehen um die eigene Achse (und dadurch das Hinwenden zum rechten und linken Teil des Publikums) wird dich dynamisch und zugewandt erscheinen lassen.

Aber wo solltest du dich eigentlich im Raum positionieren? Häufig stellen sich nervöse Redner zu nah an die Wand, stehen zu weit links oder zu weit rechts – und meistens in der Nähe zur Tür (schneller weglaufen möglich!). Ein souveräner Redner wird sich gleich am Anfang seiner Präsentation in die Mitte der Redefläche positionieren. Denn dadurch vermittelt er dem Publikum, dass er selbstbewusst ist und keine Angst hat, sich in den Mittelpunkt zu stellen (weil seine Botschaft es wert ist, von allen gehört zu werden). Gerade die Positionierung zementiert den ersten Eindruck, der in jedem Fall möglichst gut sein sollte. Denn ein ganz berühmter Spruch lautet:

«Für den ersten Eindruck gibt es keine zweite Chance. Punkt.»

Wohin mit den Händen?

Die häufigsten Fragen, die in jedem Rhetorik-Kurs gestellt werden: «Was soll man eigentlich mit den Händen machen?», «Darf man sie in die Hosentaschen stecken?», «Darf man die Arme verschränken?» Dazu gibt es eine einfache Grundregel: Es existieren drei Bereiche, in denen sich die Hände befinden können.

Der Bereich unter der Gürtellinie ist der **passive Bereich**. Da sollten sich die Hände auf gar keinen Fall befinden, da es häufig unbeteiligt und uninteressiert wirkt. Alles oberhalb der Gürtellinie, im Bauchbereich, wird **aktiver Bereich** genannt. Da gehören die Hände hin! In diesem Bereich gilt es, durch Gesten seinen Inhalt zu verdeutlichen. Der dritte Bereich ist der **aggressive Bereich**, der sich auf Kopfhöhe oder darüber befindet. Dieser Bereich ist reserviert für wütende und aggressive Redner, zum Beispiel für Politiker, die auf Wahlkampf sind und sich über andere Parteien aufregen. Diesen Bereich brauchen wir meistens nicht.

Der Fokus liegt folglich auf dem aktiven Bereich, wo die Hände idealerweise 100 Prozent der Zeit positioniert sein sollten.

Wie kannst du mit Gesten deinen Inhalt verdeutlichen?

Diese Frage ist in der Tat gar nicht so leicht zu beantworten. Obwohl sich fast alles durch Hände ausdrücken lässt, ist gekonntes Gestikulieren am Anfang ziemlich schwierig und braucht gewisse Erfahrung, bis es automatisch abläuft. Hier drei Beispiele:

- wenn ich etwas präzisieren möchte, dann setze ich mit den Händen einen gemalten Punkt in die Luft
- wenn ich etwas abwägen möchte, dann zeige ich mit den Handflächen (parallel zum Boden) nach oben und nach unten, als würde ich mit einer Waage tatsächlich etwas miteinander abwägen
- wenn ich mich von etwas distanzieren möchte, dann halte ich meine Hände vor meinen Körper und weise (nach vorne) von mir, als würde ich etwas wegschieben wollen

Es geht also darum, die Hauptbotschaft in die Luft zu malen. Letztlich kannst du fast alles mit deinen Händen veranschaulichen. Doch sollten wir es mit Gesten natürlich nicht übertreiben und nicht permanent gestikulieren, da es nicht darum geht, einen Pantomime-Wettbewerb zu gewinnen. Ein guter Redner veranschaulicht nur wichtige Inhaltspunkte seiner Rede, insbesondere aber seine zentrale Botschaft.

Für einen Anfänger der Rhetorik ist es somit wichtig, dass er sich vor seiner Rede Gedanken darüber macht, welche Hauptbotschaft er an welcher konkreten Stelle mit welcher konkreten Geste veranschaulichen und ausführen möchte. Wer seine Gestik nicht plant, dem wird im Eifer des Gefechts höchstwahrscheinlich nichts Passendes einfallen. Auch hier heißt es: Vorbereitung ist Key!

Das Gute ist: Mit der Zeit und mit meiner Smartphone-Übung gewöhnst du dir an, immer kreativer zu gestikulieren und prägst dir für immer mehr Botschaften entsprechende Gesten ein. Ähnlich wie beim Lernen einer Sprache baust du deinen Gestik-Wortschatz wie einen englischen Vokabel-Wortschatz nach und nach aus. Zu Beginn reichen dir also ein paar vorbereitete Gesten. Mit ihnen verbesserst du auf jeden Fall deine Redewirkung.

Warum verraten die Beine/Füße das meiste über den Redner?

Die Antwort: Weil der Redner sehr häufig seine Beine und Füße einfach vergisst. Wir achten auf der Rednerbühne auf unser Gesicht und darauf, wo wir unsere Hände positionieren und vergessen meist alles unterhalb der Gürtellinie. Bei den Frauen kommt es beispielsweise sehr oft vor, dass sie ihre Beine unbewusst überkreuzen – mal das linke Bein vor, mal das rechte Bein. Nervöse Männer hingegen stellen sich häufig zu breitbeinig hin und beginnen dann, mit den Knien zu wackeln. Wenn es um die Positionierung der Beine und Füße geht, gibt es viele unterschiedliche unsouveräne Ausprägungen – alles eine Konsequenz des überbordenden Lampenfiebers (dazu kommen wir im übernächsten Kapitel).

Zum Schluss noch ein interessantes Flirt-Experiment: In diesem wurden die Teilnehmer gefilmt und dabei ist den Forschern aufgefallen, dass die Füße eines interessierten Gesprächspartners auf sein Gegenüber gezeigt haben. Hingegen war es bei etlichen Probanden der Fall, dass bei geringem Interesse die Fußspitzen unbewusst weg vom Gesprächspartner (meistens Richtung Tür) zeigten. Die Füße deines Gegenübers verraten dir also, ob dein Gegenüber wirklich an dir interessiert ist.

Praktische Übung Nr. 2: Die «Smartphone-Challenge»

Kommen wir nun zur zweiten praktischen Übung:

Die «Smartphone-Challenge»: Nimm eine kurze Rede von dir (Dauer: 2-3min) mit deinem Smartphone auf und analysiere anschließend deine Körpersprache!

Es geht also darum, sich selber zu filmen und zu schauen, wie deine eigene Körpersprache auf dich wirkt. Du weißt ja, dass du zumindest ein passiver Körpersprache-Experte bist. Wenn dir kein Thema einfällt, könntest du folgendes Thema nehmen: «Wie haben soziale Medien mein Leben verändert?» Der Inhalt ist bei dieser Übung allerdings nicht wichtig. Es geht lediglich darum, die oben genannten Regeln zur Körpersprache anzuwenden und im Video möglichst natürlich und souverän aufzutreten.

Noch ein Tipp zur Übung: Deaktiviere beim Anschauen des Videos unbedingt den Ton! Die Stimme, zu der wir ja erst noch kommen, lenkt dich sonst zu sehr von der Analyse deiner Körpersprache ab. Wiederhole diese Übung so lange, bis dir deine Körpersprache gefällt. Irgendwann (in der Regel nach 5 bis 15 Versuchen) legst du die Verlegenheitsgesten ab und wirkst souveräner. Dann bist du körpersprachlich gewappnet für deine nächste Präsentation. Übrigens: Warum nicht jetzt das Buch kurz weglegen und gleich zwei bis drei Aufzeichnungen machen? Die Theorie ist doch nur dazu da, um in die Praxis umgesetzt zu werden!

Aufgabe 3: Selbstbewusste Stimme

Warum sind wir alle Stimm-Experten? Eine ziemlich ungewöhnliche Frage, denn ähnlich wie zur Körpersprache gilt auch hier: Die wenigsten von uns haben tatsächlich Bücher über professionelle Stimmführung gelesen oder Gesang studiert – und dennoch wissen wir intuitiv, Stimmen und dahinterstehende Emotionen richtig zu interpretieren. Schon als Kinder können wir meist die Stimmen unserer Eltern und Lehrer richtig interpretieren und ziemlich genau herausfiltern, welche Emotion in der Stimme mitschwingt. Deswegen sind wir alle nicht nur (passive) Experten der Körpersprache, sondern auch (passive) Stimm-Experten.

Wenn wir jedoch selber sprechen und aktiv unsere Stimme nutzen, machen wir uns sehr wenige oder gar keine Gedanken darüber, wie unsere eigene Stimme klingt. Klingt sie gut gelaunt? Klingt sie schlecht gelaunt? Ist sie zu monoton? Hat sie genug Stimmmelodie? Passt die Stimme zum Inhalt? Diese Fragen stellt sich der Anfänger nicht, wohl aber jeder gute Redner.

Bevor es in die einzelnen Unterkapitel geht, ein allgemeiner Tipp zur Stimme. In der Antike sagte man: variatio delectat. Übersetzt heißt das: Abwechslung erfreut. Wir sollten demzufolge möglichst viel (emotionale) Abwechslung in unsere Stimme hineinbringen. Wie das konkret funktioniert, lernst du jetzt.

Richtig betonen

Wie sollte man richtig betonen? Viele Menschen sind sich nicht bewusst, wie viel die Betonung für die Bedeutung des Inhalts ausmacht. Betrachten wir uns folgenden Beispielsatz:

«Ich möchte das jetzt nicht.»

Je nachdem, welches einzelne Wort ich aus diesem Satz betone, kommt eine andere Bedeutung heraus. Folgende fünf Beispiele zur Veranschaulichung:

Beispiel 1: Ich möchte das jetzt nicht.

Die Betonung auf das Wort «Ich» hebt hervor, dass ich persönlich es nicht möchte, es aber durchaus sein kann, dass andere es möchten.

Beispiel 2: Ich möchte das jetzt nicht.

Hier liegt die Betonung auf dem Wörtchen «möchte» und damit will ich ausdrücken, dass ich es tatsächlich auf gar keinen Fall möchte, also definitiv keine Lust darauf habe!

Beispiel 3: Ich möchte das jetzt nicht.

Bei der Betonung auf «das» geht klar hervor, dass ich diese konkrete Sache nicht möchte, aber bei etwas anderem vielleicht nicht abgeneigt wäre.

Beispiel 4: Ich möchte das jetzt nicht.

Plötzlich verlagert sich wieder die Bedeutung und ich sage hier, dass ich etwas schlicht und einfach zum jetzigen Zeitpunkt nicht möchte, aber vielleicht später oder ein anderes Mal durchaus Lust hätte.

Beispiel 5: Ich möchte das jetzt nicht.

Im letzten Beispiel betone ich insbesondere die Verneinung und drücke damit aus, dass ich das auf gar keinen Fall möchte und damit die Diskussion von meiner Seite für beendet erklärt ist.
Du siehst bei diesem kurzen Beispielsatz mit nur fünf Wörtern, wie sehr sich die Bedeutung mit der Betonung verlagert. Insofern müssen wir uns stets bewusst sein, welche Wörter wir im Satz betonen und welche Wörter wir nicht betonen wollen. Natürlich ist es mühsam, die ganze Rede durchzugehen und sich zu vergewissern, wo man eine Betonung setzt und wo nicht. Doch gibt es in einer Rede oder einem Vortrag immer eine zentrale Aussage, ein zentrales Argument oder eine Hauptbotschaft. Als Anfänger der Rhetorik reicht es völlig aus, wenn bei der Hauptbotschaft, die du dem Publikum vermitteln möchtest, die Betonung richtig gesetzt ist. Fortgeschrittene überlegen sich im Vorfeld auch die Betonung bei weiteren zentralen Sätzen ihrer Präsentation wie den Einstiegssatz und Schlusssatz beispielsweise. Eines ist aber klar geworden: Die Betonung bestimmt die Bedeutung.

Stimm-Melodie

Monoton oder melodisch? Die richtige Antwort kennst du bestimmt schon: Man sollte möglichst wenig monoton, also immer auf einer Note ohne jegliche Emotionen, sprechen. Im Gegenteil: Gute Redner bringen die passende Melodie in ihre Stimme. Natürlich sollte man es damit nicht übertreiben und im «Singsang» reden, weil das schnell aufgesetzt, nervig und unseriös wirkt.

Insbesondere Männer haben häufiger die Tendenz, ihre Emotionen zu unterdrücken und sachlich und nüchtern ohne viel

Melodie zu reden. Frauen gelingt eine melodische Stimme tendenziell besser. Die Ursache dazu liegt in der Psychologie der Geschlechter, das ist aber eine ganz andere Geschichte – wir sind ja schließlich nicht in einer Psychologie-Vorlesung!

Zu den Grundlagen der Sprachmelodie gehört, dass man bei Aussagesätzen mit der Stimme nach unten geht und bei Fragen nach oben. In meinen Rhetorik-Seminaren fällt mir immer wieder auf, dass Menschen vor Publikum unsicher sind und aufgrund von Lampenfieber mit der Stimme am Ende ihrer Sätze stets nach oben gehen. Der Zuhörer weiß in diesem Fall nicht, ob es eine Frage oder eine Aussage ist. Zudem klingt es so, als würde sich der Redner selbst ständig in Frage stellen.

Ein letzter Tipp hinsichtlich der Sprachmelodie: Bitte lasse die in dir brodelnden Emotionen zu! Menschen lieben Emotionen bei Präsentationen. Natürlich ist es aus Sicht des Informationsgehaltes schön, wenn du in der Argumentationsphase sachlich und nüchtern redest. Nichtsdestotrotz sollten einige Sektionen der Rede (wie etwa die Einleitung, der Schluss oder die Beispiele) Emotionen beinhalten. Denn dann berühren wir mit überzeugenden Argumenten nicht nur den Geist der Zuhörer, sondern mit unseren Emotionen auch ihr Herz. Das ist deswegen so wichtig, weil Menschen nicht nur mit dem Kopf entscheiden, sondern auch mit dem Herzen. Vor allem für die Männer unter uns heißt es: Lasst Emotionen zu, sie gehen nicht zu Lasten des Inhalts, sondern lassen diesen relevanter erscheinen.

Die Kunstpause und ihre drei Wirkungen

Wir haben ja bereits bei den 10 Geboten der Rhetorik die Pause als eins der drei wichtigsten rhetorischen Stilmittel ausfindig gemacht. Weil sie so wichtig für eine gute Rede ist, möchte ich ihre drei Wirkungen für dich hervorheben: Ihre Wirkung Nummer eins lautet:

Wenn du eine Pause machst, dann hat das Publikum Zeit, über das Gesagte nachzudenken.

Dahinter steht ein wichtiger Gedanke: Du hast ja im Vorfeld über deine Inhalte nachgedacht und weißt, worüber du redest. Doch das Publikum hört diese Rede zum ersten Mal und hat sich mit großer Wahrscheinlichkeit über dein Thema keine Gedanken gemacht! Durch die Pause gibst du dem Publikum also Zeit, die von dir präsentierte Information zu verarbeiten – und gerade bei schwierigen Themen und provokanten Thesen braucht jeder Zuhörer Zeit, um sich auf die Argumente wirklich einzulassen und sie zu verstehen. Eins ist klar: Je mehr das Publikum deine Argumente versteht, umso besser nimmt es deinen gesamten Vortrag auf. Doch die Kunstpause bewirkt noch mehr.

Ihre zweite Wirkung ist:

Wenn du Pausen machst, dann wirkst du sehr viel souveräner.

Anfänger beten ihre Rede maschinell herunter, mit dem Ziel, dass die Präsentation möglichst schnell zu Ende geht. Ein guter Redner aber wird sich bei seinen Ausführungen Zeit lassen und seine Präsentation sogar genießen. Schau dir jede Rede von Barack Obama an und du wirst sehen, wie viele Kunstpausen er macht. Sie sind zwar nicht der einzige Grund, warum er als genialer Redner gilt – aber sie sind eben einer der Gründe, warum er so souverän und erhaben wirkt. Acht von zehn Menschen machen in meinen Rhetorik-Seminaren übrigens gar keine rhetorische Pause. Noch ein Aspekt, wie du schnell besser als andere werden kannst.

Schließlich ihre dritte Wirkung:

Wenn du eine Pause machst, dann wirkt dein Vortrag strukturiert.

Ein Redner, der Pausen macht, zeigt, dass er sich vorher Gedanken darüber gemacht hat, wann eine Sinneinheit zu Ende ist. Der Vortrag wirkt durch Pausen also strukturiert und das hat nicht nur den schönen Effekt, dass das Publikum dir besser folgen kann, sondern du vermittelst auch den Eindruck eines durchdachten und intelligenten Menschen. Wenn das mal nichts ist!

Wenn du jetzt nicht sicher bist, wo du Pausen in die Rede einbauen sollst, dann bietet es sich an, vorher genau zu überlegen, an welcher Stelle eine Pause gut wäre. Beispielsweise möchtest du über drei Punkte sprechen. Dann ist es sinnvoll, nach jedem Punkt eine kurze Kunstpause einzulegen, deine Zuhörer während der Pause alle anzuschauen und möglicherweise festzustellen, dass Fragen vorhanden sind. Ein Muss ist eine Kunstpause nach deiner zentralen Aussage, denn dadurch bekommt letztere ein viel höheres Gewicht. Sei dir also stets bewusst: Die Pause ist ab jetzt dein guter Freund.

Wie man das lästige «ähm» wegbekommt

Viele Menschen haben das Problem, dass sie zu viele «ähms» in ihrer Präsentation machen, vor allem dann, wenn sie nervös sind. Dadurch versuchen sie die Pause, über die wir gerade gesprochen haben, zu füllen. Denn unsichere Redner haben

Angst vor der Stille. Vorab ein Hinweis: Ein paar «ähms» sind natürlich nicht schlimm. Selbst Profi-Redner machen gelegentlich ein paar «ähms». Wenn du aber zu denen gehörst, die sehr viele «ähms» machen – also fünf bis zehn «ähms» pro Minute beispielsweise – dann solltest du etwas dagegen tun.

Mein Vorschlag: Gehe vor deiner nächsten Präsentation die so genannte Burger-Wette ein – und die geht so: Eine Kollegin oder ein Freund hört sich deinen Vortrag an und führt eine Strichliste darüber, wie viele «ähms» du in diesem Vortrag machst. Vorher definiert ihr eine Anzahl an erlaubten «ähms» – zum Beispiel 15. Wenn du nun mehr «ähms» machst als vereinbart, dann musst du deinen Freund oder deine Kollegin auf einen Burger einladen. Wenn du es hingegen schaffst, unter der vereinbarten ähm-Grenze zu bleiben, dann hat deine Wettperson Pech gehabt und muss dir etwas ausgeben. Die Idee ist hier ***gamification***, das heißt, ihr macht aus dem lästigen «ähm» ein Spiel und du arbeitest spielerisch an dieser rhetorischen Schwäche.

Am Anfang meiner Karriere habe ich es selbst gemacht und ließ einen Freund oder eine Bekannte in meinen Rhetorik-Seminaren eine Strichliste führen. Nachdem ich zunächst stets den Kürzeren gezogen habe, konnte ich nach und nach meine Sprache von allerlei Füllwörtern wie «ähm» und «eigentlich» ausmerzen. Gleichzeitig hat es Spaß gemacht! Bei mir hat es funktioniert, also warum sollte es nicht auch bei dir funktionieren?

Ein kurzes Wort zum Akzent/Dialekt

In meinen Rhetorik-Seminaren werde ich gelegentlich gefragt, welchen Eindruck ein Redner macht, der mit Akzent oder Dialekt redet, beispielsweise schwäbelt oder mit französischem Akzent spricht. Aus wissenschaftlicher Sicht ist es tatsächlich besser, wenn man vor einem gemischten Publikum (also nicht regionalem Publikum, wo jeder denselben Dialekt spricht) sauberes Hochdeutsch spricht. Der Grund liegt in der sogenannten ***processing fluency***, also die Verarbeitungsgeschwindigkeit der Informationen im Gehirn, welche bei einem Redner mit Akzent/Dialekt leider langsamer ist. Beispiel: Ein bayrischer Redner, der nach Berlin geht und dort seine Rede mit Dialekt hält, ist für das Publikum schwerer zu verstehen. Der Zuhörer aus Berlin muss den bayrischen Dialekt erst einmal ins Hochdeutsche übersetzen, bevor er den Inhalt verstehen und verarbeiten kann. Wenn aber alle bayrisch reden, ist es für die processing fluency gar besser, ebenfalls bayrisch zu deren. Schon Molière sagte:

«Wer so spricht, dass er verstanden wird, spricht gut.»

Solltest du bei diesem sensiblen Thema nun sagen, dass dein Dialekt/Akzent in jedem Fall zu deiner Identität gehört und du dich nicht für die Rhetorik «verbiegen» möchtest, dann ist dies natürlich völlig in Ordnung. Alles, was ich in diesem Buch schreibe, sind Tipps, die aus wissenschaftlicher Sicht Sinn ergeben. Ob du sie umsetzt, liegt ganz bei dir! Achte lediglich darauf, dass du gut verstanden wirst und das Publikum deine Botschaft leicht aufnehmen kann. Am Ende des Tages ist es nämlich das, worauf es rhetorisch ankommt.

Praktische Übung Nr. 3: «Die Sprachaufnahme-Challenge»

Am Ende dieses Kapitels stelle ich dir wie immer eine praktische Übung vor:

Nimm deine Stimme mit deinem Smartphone auf (ohne Video!) und analysiere deine Betonungen, deine Sprachmelodie und deine Pausen!

Alle Smartphones haben heute eine App, mit der du deine Stimme aufnehmen kannst. Am besten ohne Video, damit du bei der Analyse deiner Stimme nicht von deiner Körpersprache abgelenkt wirst und dich somit vollständig auf deine Stimme konzentrieren kannst. Beispielsweise könntest du einen Meinungsartikel aus der Zeitung deiner Wahl vorlesen und ihn möglichst schön mit Betonungen, Pausen und Sprachmelodie unterfüttern. Anschließend hörst du dir die Aufnahme an und fragst dich: Klingt es gut? Klingt es spannend? Klingt es abwechslungsreich? Sind Pausen da? Sind Betonungen vorhanden? Sind zu viele «ähms» drin?

Bist du nicht zufrieden, dann wiederhole die Übung einfach! Auf jeden Fall verbesserst du mit der Zeit dein Gespür dafür, an welchen Stellen bezüglich Intonation, Pausen und Sprachmelodie noch Schwächen da sind. Je häufiger du diese Übung wiederholst (am besten 5 bis 15-mal), umso schöner wird deine Stimme sich mit der Zeit anhören. Warum nicht vor dem nächsten Kapitel gleich mal eine Stimmprobe abgeben?

Aufgabe 4: Lampenfieber unter Kontrolle bringen

Das Thema Lampenfieber ist weltweit und seit Jahrhunderten ein Dauerbrenner in der Rhetorikausbildung. Viele Menschen haben Lampenfieber, manche Menschen haben sogar mehr Angst vor dem Reden vor Publikum als vor dem Weißen Hai. Auch zum Lampenfieber gibt es ein schönes Zitat, diesmal von Mark Twain:

«Das Gehirn ist eine wunderbare Sache. Es funktioniert bis zu dem Augenblick, wenn man aufstehen muss, um eine Rede zu halten.»

Wahrscheinlich ist dir dieses Gefühl nicht fremd. Bevor es zu den fünf Tipps gegen Lampenfieber geht, lautet die Frage: Warum haben Menschen so eine große Angst vor dem Reden vor Publikum?

Auf der ersten Ebene ist die Ursache, dass Menschen Angst haben, Fehler zu begehen und sich damit vor anderen zu blamieren, von einer Menschenmenge ausgelacht oder kritisiert zu werden. Auf der zweiten Ebene müssen wir uns vergegenwärtigen, dass wir in einer fehlerfeindlichen Kultur aufgewachsen sind. Das heißt, dass unsere Fehler in der Vergangenheit immer konsequent bestraft wurden. In der Schule wurden wir bei Fehlern durch schlechte Noten bestraft. Zu Hause wurden wir bei Fehlern durch die Eltern bestraft – wenn wir zum Beispiel schon wieder eine Tasse zerbrochen oder unser Zimmer nicht aufgeräumt haben. Sowohl in der Schule als auch durch unsere Eltern wurde uns folglich stets die Botschaft vermittelt, dass Fehler schlecht sind. Wenn wir nun auf die Rednerbühne gehen, haben wir Angst, wieder bestraft zu werden, zum Beispiel durch schlechtes Feedback.

In Wirklichkeit ist diese fehlerfeindliche Kultur aber gar nicht notwendig; sie ist sogar hinderlich! Berühmte Wissenschaftlerinnen und erfolgreiche Unternehmer wissen, dass Fehler einfach zum Prozess dazugehören. Kein Unternehmer erfindet gleich von Beginn an das beste Produkt, welches sich perfekt verkauft. Häufig bringt ein Unternehmer unterschiedliche Produkte oder Varianten eines Produktes auf den Markt – und dann kann es sein, dass erst die siebte Produktvariante zum erhofften Erfolg führt. Ähnlich ist es in der Wissenschaft: Kaum eine Physikerin konzipiert gleich zu Anfang ein Experiment, welches auf Anhieb funktioniert. Auch hier gilt es, dass man es stets verändern und optimieren muss – und das ist, ohne Fehler zu machen, nicht möglich. Die Profis wissen folglich, dass es niemals fehlerlos geht. Der Fehler ist nur eine Zwischenstation zum Erfolg.

Ein persönliches Beispiel: Ich bin in meinen Kommunikationstrainings oder Vorträgen nur deswegen so entspannt, weil ich weiß, dass Fehler dazugehören und jeder Fehler mich ein bisschen besser macht. Insofern brauchen wir eine neue Mentalität: Fehler sind unsere Freunde! Das bedeutet nicht, dass wir Fehler bewusst kontinuierlich wiederholen sollten, sondern dass sie einen Lerneffekt für die Zukunft darstellen. Wer keine Fehler macht, wächst nicht.

Ein Fehler aus meiner Redner-Vergangenheit: In der Anfangszeit habe ich gelegentlich Karteikärtchen für eine längere Rede vorbereitet, die ich beidseitig beschrieben habe. In der Redesituation vor 100 Zuhörern bin ich einmal total durcheinandergekommen, da ich teilweise nicht mehr wusste, ob es sich um die Vorder- oder Rückseite handelt. Ich habe also wie verrückt dieselbe Karteikarte gedreht und gewendet und war verwundert, dass ich alles schon gesagt hatte auf der Vorder- und Rückseite. Das sah sicher, von außen betrachtet, etwas witzig aus. Dieser Fehler war jedoch, von innen betrachtet, unangenehm und ich hätte gerne auf ihn verzichtet. Doch jetzt kommt es: Seitdem (es war vor circa 15 Jahren) habe ich den Fehler kein zweites Mal begangen! Habe ich Kärtchen für meinen Vortrag benötigt, habe ich sie seither nur einseitig beschrieben. Dieses Beispiel veranschaulicht, dass Fehler in Ordnung sind, so lange man daraus lernt und sie nicht wiederholt. Erst durch Fehler werden wir besser.

Diese neue Mentalität, dass der Fehler tatsächlich ein Freund ist und nur ein kleiner Schritt auf dem Weg zur Perfektion darstellt, muss sich natürlich erst einmal langsam in unseren Köpfen verankern. So lange das bei dir noch nicht der Fall ist, habe ich fünf tolle Anti-Lampenfieber-Tipps, die sofort funktionieren werden. Langfristig gesehen sollte es dennoch dein Ziel sein, dein Verhältnis zu Fehlern zu verändern und keine Angst mehr vor Fehlern zu haben, weil sie einfach zum Leben dazugehören. In meinen Seminaren sage ich immer: Bei einem Rhetorik-Fehler dreht sich die Erde trotzdem weiter.

Anti-Lampenfieber-Tipp Nr. 1: Der Struktur-Effekt

Der erste Tipp lautet: Habe eine Struktur. Dieser Tipp, den wir bereits bei den 10 Geboten kennengelernt haben, ist auch ein Helfer dabei, das Lampenfieber zu senken. Denn wenn ich genau weiß, was mein nächster Punkt oder mein nächstes Argument in der Rede ist, dann gibt mir das psychologisch gesehen Sicherheit, da ich weiß, was als nächstes geschieht. Sich eine Struktur zu überlegen kostet selbstverständlich Zeit, jedoch gewinnt man dafür, dass die Nervosität sinkt.

Für Anfänger der Rhetorik möchte ich folgenden Tipp auf den Weg geben: Nimm dir nicht zu viele Punkte für die Rede oder Präsentation vor. Häufig scheiterst du daran, dass du zu viele Punkte in die Rede einbaust und dein Gehirn dadurch schlicht und einfach überlastet ist. Dann kommt die Nervosität – und die bringt deine vielen Punkte im Kopf noch mehr durcheinander. Stattdessen solltest du dir drei wesentliche Punkte oder Argumente heraussuchen, die du dem Publikum vermitteln möchtest. Alles, was nicht besonders wichtig ist, kannst du getrost aus deiner Rede oder Präsentation streichen. Wenn du deiner Rede eine glasklare Struktur gibst und sie entschlackst, kommst du nicht durcheinander. Diese 3 Punkte Lösung hat meinen nervösesten Coaching-Kunden sehr geholfen, denn auch sie mussten eingestehen: sich 3 Punkte merken kann jeder. Der Struktur-Effekt wird auch dir helfen, etwas weniger Lampenfieber zu haben.

Anti-Lampenfieber-Tipp Nr. 2: Der Wiederholungs-Effekt

Auch zum Wiederholungs-Effekt gibt es ein wunderschönes Zitat, welches Mark Twain zugeschrieben wird:

«Um eine gute spontane Rede zu halten, brauche ich für gewöhnlich mehr als drei Wochen an Vorbereitung.»

Was sagt uns dieser Satz? Er ist natürlich ironisch gemeint: Die «improvisierte Rede», für die Mark Twain drei Tage braucht, ist natürlich ganz und gar nicht improvisiert, sondern im Gegenteil sehr gut vorbereitet. Hier zeigt sich der Wiederholungs-Effekt. Er besagt, dass ein Redner sich auf eine Rede/einen Vortrag sehr gut vorbereiten und diese/diesen im Idealfall mehrmals durchgehen sollte.

Auch das hatten wir bereits bei den 10 Geboten: Übe deine Rede laut. Wenn du deine Rede oder deinen Vortrag einmal komplett durchsprichst, dann weißt du, an welcher Stelle du unsicher bist und an welcher Stelle du Inhalte hinzufügen oder entfernen musst. Diese Gewissheit, dass du deine Präsentation komplett beherrschst und von Anfang bis Ende durchsprechen kannst, gibt dir die Sicherheit: «Ich kann das!»
Ich habe bereits angedeutet: Aus meiner Erfahrung wendet höchstens einer von zehn Menschen den Wiederholungs-Tipp tatsächlich an. Erstaunlich dabei ist, dass gerade die Kandidaten, die sehr starkes Lampenfieber und dadurch viele Verlegenheitsgesten aufweisen, den Tipp nicht beherzigen. Wider besseren Wissens üben sie ihre Rede nicht ein und sind nicht sicher, ob sie durch ihre Rede «durchkommen». Möchtest du also zu den guten zehn Prozent gehören und dein Lampenfieber reduzieren, dann nutze den Wiederholungs-Effekt. Übrigens sind wahre Profis in den seltensten Fällen wirklich spontan – es sieht einfach nur spontan und routiniert aus! In Wirklichkeit stecken dahinter mehrere Tage/Wochen/Monate Arbeit und viel Wiederholung. Mein Motto daher:

«Sei nicht spontan, sondern gut vorbereitet.»

Anti-Lampenfieber-Tipp Nr. 3: Der Kontakt-Effekt

Was heißt Kontakt-Effekt? Ganz einfach: Sprich vor Beginn mit deinem Publikum. Wenn wir in einem Raum einen Vortrag oder eine Präsentation halten, dann landen wir ja in den meisten Fällen zuvor nicht mit einem Hubschrauber in der Mitte des Vortragsraumes und halten plötzlich unsere Präsentation. Der Vortragende sitzt hingegen meist schon vorher im Raum und wartet dort auf seinen großen Auftritt. Der Kontakt-Effekt besagt nun, dass der Redner mit den Leuten, die in seiner Nähe sitzen, in Kontakt tritt und eine kleine Konversation, einen Small-Talk, beginnt. Was passiert nun? Der psychologische Effekt des Smalltalks ist, dass sich die Barriere zwischen Vortragendem und Publikum verringert. So kennt der Redner bereits ein paar Menschen, die ihm wohlgesonnen sind und die er nun während des Vortrages häufiger anschauen kann. Dadurch sinkt die eigene Unsicherheit erheblich. Diese Menschen stehen bereits auf «seiner Seite» und beschenken ihn mit viel größerer Wahrscheinlichkeit mit einem sympathischen Lächeln. Einsteigern helfen diese Bezugspersonen enorm, weniger Lampenfieber und mehr Sicherheit zu bekommen.

Für Fortgeschrittene allerdings gilt ein etwas anderes Vorgehen: Die Zuhörer im Publikum, die uns gegenüber positiv gesinnt sind und uns anlächeln, sind meistens bereits von unseren Inhalten überzeugt. Nun heißt es für den etwas fortgeschrittenen Redner, die stirnrunzelnden Zweifler, von denen es häufig etliche im Publikum gibt, auf seine Seite zu ziehen. Er sollte versuchen, sich auf jene Zweifler zu fokussieren, ihnen mehr Aufmerksamkeit durch Blickkontakt und durch das Eingehen auf ihre kritischen Fragen zu schenken und sie dadurch noch auf die eigene Seite zu holen. Das erfordert vom Redner mehr Erfahrung, da man sich grundsätzlich erst einmal daran gewöhnen muss, mit ablehnenden und zweifelnden Zuhörern im Publikum zurechtzukommen. Auf diese Weise erhöht der fortgeschrittene Redner die Wahrscheinlichkeit enorm, dass auch die Zweifler überzeugt werden.

Mit dem Kontakt-Effekt kannst du dein Lampenfieber also um weitere Prozentpunkte senken.

Anti-Lampenfieber-Tipp Nr. 4: Der Kompetenz-Effekt

Der Anti-Lampenfieber-Tipp Nr. 4 hat mit der Kompetenz zu tun. Der Idee ist: Je kompetenter ich auf einem Gebiet bin, desto sicherer fühle ich mich beim Vortrag. Dazu formulierte der römische Senator Cato der Ältere ein schönes Zitat:

«Beherrsche die Sache und die Wörter folgen von ganz allein.»

Es empfiehlt sich daher, dass du deine Kompetenz in dem jeweiligen Vortragsthema weiter ausbaust, zum Beispiel durch Bücher, Fachzeitschriften, Online-Kurse, etc. Vor Fragen aus dem Publikum hast du dann sicher keine Angst mehr, da du sie souverän beantworten kannst.

Die Formel beim Kompetenz-Effekt lautet schließlich: Mit gesteigerter Kompetenz sinkt dein Lampenfieber wieder ein gutes Stück!

Anti-Lampenfieber-Tipp Nr. 5: Der Eingewöhnungs-Effekt

Man hat herausgefunden, dass sich Redner mit Lampenfieber nach einer bestimmten Zeit des Vortragens – meist nach zwei bis drei Minuten – an die Redesituation vor Publikum gewöhnen. Nach dieser kurzen Zeit ist man gar nicht mehr so nervös. Vielleicht hast du den Eingewöhnungs-Effekt auch schon selbst erlebt. Mit der Zeit lernst du die Umgebung, den Raum, das Publikum kennen und siehst die Situation nicht mehr als Gefahr an, sodass du dich insgesamt sicherer fühlst.

Den Eingewöhnungs-Effekt kannst du dir zunutze machen. Du weißt ja jetzt, dass du im Grunde nur die ersten zwei bis drei Minuten nervös sein wirst. Diese ersten paar Minuten solltest du daher besonders gründlich vorbereiten und die ersten zehn Sätze einfach auswendig kennen. Es hilft, sich selbst bewusst zu werden: Selbst, wenn ich am Anfang nervös bin, ist es gar nicht so schlimm, denn mit der Zeit wird das auf jeden Fall besser. Insofern kann ich an dieser Stelle sagen: Habe das Bewusstsein dafür, dass das Lampenfieber mit der Zeit weniger wird und im Grunde «wie von alleine» verschwindet, ohne dass du dafür etwas machen musst. Was zusätzlich hilft: Gewöhne dich schon vorher an den Raum, teste die Technik und falls du einen Flipchart nutzt, achte darauf, dass Stifte zum Schreiben da sind. Wenn du dich an den Raum gewöhnst und weißt, dass die Technik funktioniert, gibt dir das ein zusätzliches Sicherheitsgefühl.

Zusammengefasst: Wenn du alle fünf Anti-Lampenfieber-Tipps beherzigst, sinkt dein Lampenfieber so stark, dass es dich beim Denken und beim Reden nicht mehr stört. Etwas Lampenfieber kann sogar hilfreich sein, um dich lebendiger und energiereicher zu fühlen. Bedenke auch: Am Ende ist dem Publikum nicht so wichtig, ob du nervös warst – am Ende wollen alle nur, dass du eine gute Präsentation hältst.

Bevor wir zu den Übungen kommen, noch ein Wort zum Thema Blackout: Viele Menschen haben eine riesige Angst davor, wegen des Lampenfiebers alles zu vergessen und sich vor dem Publikum zu blamieren. Der einfachste Tipp ist, sich – wie wir bereits oben schon gesagt haben – einen kleinen Notizzettel mit Schlagwörtern vorzubereiten und ihn bei Bedarf aus der Tasche herausziehen. Alternativ empfiehlt sich, gerade bei Unerfahrenheit, erst einmal mit Hilfe von PowerPoint zu sprechen.

Mehr zum Thema **Blackout** findest du in meiner Podcast-Folge hier:

JETZT SCANNEN!

https://argumentorik.podbean.com/e/36-nie-wieder-blackout-wie-du-den-roten-faden-behaltst/

Praktische Übung Nr. 4: Die «U-Bahn-Challenge»

Kommen wir nun zur praktischen Übung Nr. 4, meiner gefürchteten U-Bahn-Challenge. Bevor ich erkläre, um was es geht, möchte ich auf einen Aspekt des Lampenfiebers hinweisen, den wir mit der Challenge angehen wollen. Lampenfieber hat häufig damit zu tun, dass wir Angst vor neuen, uns unbekannten Menschen haben. Wir bekommen nicht nur Angst davor, einen Fehler zu begehen, sondern auch vor persönlicher Ablehnung durch diese Menschen. Doch die Angst vor den Unbekannten lässt sich abtrainieren. Die nächsten drei Übungen sollen die Situationen simulieren, in denen wir mit fremden Menschen in Kontakt treten, die eventuell ablehnend auf uns reagieren.

Wie funktioniert nun die «U-Bahn-Challenge»? Es geht darum, dass du dich in eine U-Bahn (oder Bus oder Tram oder S-Bahn) setzt und dort, zum Beispiel in einem Viererabteil, mit einer fremden Person einen Smalltalk führst. Beispielsweise kannst du die Frage stellen, wie die Person das aktuelle Wetter findet oder wo sie gerade hinfährt. Häufig tritt dann der Fall ein, dass der/die Unbekannte(n) eher ablehnend auf dich reagieren und dir die Frage stellen, ob ihr euch kennt, warum du so neugierig bist, oder (etwas unfreundlicher) was es dich denn angehe. Exakt diese Art der Ablehnung möchten wir aber mit dem Smalltalk «provozieren». Wir wollen quasi eine Ablehnung auf Knopfdruck, um zu lernen, damit umzugehen und um zu sehen, dass die Ablehnung nicht das Ende der Welt bedeutet. Die meisten Menschen führen ihr Leben nämlich so, dass sie Ablehnung umgehen. Jedoch wirst du feststellen, dass nach der zehnten, fünfzehnten oder zwanzigsten Ablehnung durch eine fremde Person dieses unangenehme Gefühl stetig abnimmt und es irgendwann überhaupt nicht schlimm ist, von einem anderen abgelehnt zu werden.

Wenn du nun einen Vortrag hältst und schon oft das Gefühl der Ablehnung durch zum Beispiel «die U-Bahn-Challenge» erfahren hast, dann nimmt die Angst vor skeptischen und dich ablehnenden Menschen enorm ab. Wenn du bei der Präsentation erkennst, dass ein Mensch nicht deiner Meinung ist oder es sogar kritische Zwischenrufe aus dem Publikum gibt, bricht für dich nicht mehr die Welt zusammen. Du bleibst souverän, da die Ablehnung von Unbekannten dir nichts mehr anhaben kann. Du kannst dir sicherlich vorstellen, dass ich selber die «U-Bahn-Challenge» schon hunderte Male gemacht habe und mittlerweile überhaupt kein schlechtes Gefühl mehr habe, wenn eine Person mir ablehnend gegenübersteht. Das hilft mir übrigens auch in vielen anderen Bereichen, wie etwa im Umgang mit negativem Feedback auf meinem YouTube-Kanal oder in meinem Podcast. Es gibt immer Menschen, denen etwas an uns nicht gefällt. Mit Ablehnung umzugehen ist daher für unseren Alltag ziemlich wichtig, um sich trotz – mitunter unberechtigter – Kritik gut zu fühlen.

Bereite dich mit Hilfe der «U-Bahn-Challenge» daher auf ein kritisches Publikum vor und gewöhne dich an die unangenehmen Situationen. Denn genau das braucht ein guter Redner.

Praktische Übung Nr. 5: Die «Religions-Challenge»

Diese Challenge ist etwas schwieriger als die vorherige. Denn bei der «Religions-Challenge» wird es persönlich: Hier sollst du jemanden auf der Straße kurz anhalten und ihm die persönliche Frage stellen:

«Glauben Sie an Gott?»

Das ist eine Frage, die mit sehr großer Wahrscheinlichkeit zu Überraschung, Empörung und starker Ablehnung führt. Und zwar viel mehr als ein Smalltalk in der U-Bahn. Denn über Religion spricht man sowieso selten – vor allem nicht mit einer fremden Person. Auch hier geht es nun darum, zu trainieren, dass die (scharfe) Ablehnung von anderen Menschen letztendlich gar nicht so unbehaglich und schlimm ist, wie angenommen. Wenn du auch diese Übung zehn, fünfzehn oder zwanzig Mal durchführst, verstärkt sich bei dir noch einmal mehr das Gefühl, dass ablehnende Reaktionen von Menschen in dir keine Angstreaktionen mehr auslösen müssen. Dann bist du noch ein Stückchen besser gewappnet vor ziemlich unfreundlichen Reaktionen während deiner Präsentation.

Praktische Übung Nr. 6: Die «Dating-Challenge»

Kommen wir nun zu meiner Lieblings-Challenge, der «Dating-Challenge». Konkret geht es darum, dass du auf der Straße das andere Geschlecht bzw. das Geschlecht, von dem du dich angezogen fühlst, ansprichst mit folgendem Vorschlag:

«Ich möchte mit dir am kommenden Samstagabend sehr gerne auf ein Date gehen und dich auf einen Drink einladen. Was sagst du?»

Du wirst schon ahnen, dass diese Frage für sehr viele Menschen extrem schwierig ist. Denn auch wenn wir erwachsen und «gestandene Persönlichkeiten» sind, ist es oftmals trotzdem der Fall, dass wir Angst mit Unbekannten haben. Wir schämen uns, haben Angst vor einer Negativ-Bewertung und schließlich vor Ablehnung. Einfach ausgedrückt: Die Angst vor einem «Korb» sitzt tief!

Realistisch betrachtet ist es bei dieser Challenge so, dass es in den meisten Fällen sehr viele Gründe gibt, dass wohl kein Date zustande kommt. Doch auch bei dieser Übung ist es wichtig, möglichst viel Ablehnung zu sammeln und irgendwann – genauso wie bei der «U-Bahn-Challenge» und der «Religions-Challenge» – kein ernstes Problem mehr damit zu haben, einen «Korb» zu erhalten. Das ist deswegen so wichtig, weil du dadurch mehr Selbstbewusstsein bekommst, da du lernst, diese Ablehnung nicht mehr als extrem negativ zu sehen und als einen gegen dich gerichteten, persönlichen Angriff aufzufassen. Wie bei den vorherigen Challenges gilt: Mach die «Dating-Challenge» möglichst häufig, bis du nicht mehr das innere Gefühl des Unwohlseins spürst, wenn du mit einem fremden Mann oder einer fremden Frau redest und er/sie dich ablehnt.

Bevor der Einwand von denjenigen kommt, die gar nicht Single sind: Solltest du tatsächlich die Handy-Nummer der Person erhalten, musst du sie ja gar nicht wählen beziehungsweise kannst höflich absagen oder offen über diese Übung sprechen. Wenn du aber Single bist und durch die Übung ein schönes Date bekommst, ist das doch auch ein lohnender Nebeneffekt deines Rhetoriktrainings.

Zusammengefasst: Mit den drei Übungen trittst du heraus aus deiner Komfortzone, sammelst Ablehnung und gewöhnst dich an sie. Durch die Übungen werden ablehnende Reaktionen im eigentlichen Vortrag dann ein Kinderspiel für dich und du wirst auch bei scharfer Kritik Souveränität und Selbstbewusstsein ausstrahlen!

Aufgabe 5: Mit guten Argumenten überzeugen

Die fünfte Aufgabe des guten Redners, mit guten Argumenten zu überzeugen, ist die anspruchsvollste und verlangt mehr Konzentration und Mühe von dir ab, als «bloß» Pausen zu setzen oder Blickkontakt zu halten. Doch sind Argumente das wichtigste Mittel, mit dem wir Menschen rational überzeugen können.

Was ist denn nun eigentlich ein gutes Argument? Was mich bei meinen Recherchen sehr überrascht hat, ist die Tatsache, dass es kein allgemeingültiges Schema für ein Argument gibt, bei dem sich die überwiegende Zahl der Argumentationstheoretiker und Philosophen einig ist, wie ein gutes Argument auszusehen hat und aus welchen Elementen es besteht.

Dennoch möchte ich dir zwei einfache Schemata vorstellen: Das «BBB-Schema» und das «TBNS-Schema». Diese beiden Schemata kannst du im Alltag sehr gut anwenden, denn sie sind kurz und praktisch. Es gibt selbstverständlich andere berühmte Schemata wie beispielsweise das Argumentationsschema nach Toulmin. Diese sind aber weniger alltagstauglich. Da dieses Buch der Praxis dient, belassen wir es bei den zwei einfachen und bewährten Methoden, ein Argument zu strukturieren.

Zunächst eine Definition:

***Ein Argument ist eine Aussage,
die von anderen Aussagen unterstützt und gestärkt wird.***

Wie die Stärkung und Unterstützung allerdings konkret aussieht, das ist in der Wissenschaft, wie gesagt, umstritten. Eine wissenswerte und ironische Bemerkung zum Argumentieren stammt von Berthold Brecht und lautet:

«Ein Argument wirkt ganz wundervoll,
nur nicht auf den, der etwas hergeben soll.»

Das heißt, jemanden mit Argumenten zu konfrontieren gestaltet sich vor allem dann als schwierig, wenn wir vom Gegenüber etwas erwarten und erhalten möchten. Deswegen an dieser Stelle der Tipp: Die eigenen Argumente möglichst so formulieren, dass der andere nicht das Gefühl eines Verlustes bekommt, sondern er im Gegenteil den Eindruck erhält, dass das Argument ihm zu einem bestimmten Vorteil oder einem Nutzen verhilft.

Du erinnerst dich sicher auch an eines der 10 Gebote, wonach ein starkes, schwerwiegendes und gut analysiertes Argument mehr Gewicht hat und damit besser ist als drei oberflächliche Argumente. Dieses Gebot wird gleich eine wichtige Rolle spielen.

Beginnen wir nun also mit den beiden erwähnten Schemata, wie ein gutes Argument aufgebaut werden kann: «BBB» und «TBNS». Auf geht`s!

Das Argumentationsschema «BBB»

Dieses Schema ist dir möglicherweise noch aus deiner Schulzeit bekannt. «BBB» steht für:

- Behauptung
- Begründung
- Beispiel

Am besten solltest du die Argumentation auch in dieser Reihenfolge aufbauen. Die **Behauptung** ist eine These, Aussage oder ein Statement – also ein Satz, der unsere Ansicht zusammenfasst. Sie sollte möglichst kurz und klar sein. Zudem sollte ein unklarer Begriff, der bei dem Publikum möglicherweise für Unverständnis sorgt, definiert werden.

Das zweite B, die **Begründung**, ist der schwierigste Teil der Argumentation. Das fällt mir immer wieder in meinen Rhetorik-Seminaren auf. Die meisten Menschen haben große Schwierigkeiten, eine gute Begründung, Erklärung oder Analyse für ihre Behauptung zu liefern. Doch was ist denn nun eine gute Begründung? Folgende Eigenschaften sollte eine gute Begründung aufweisen: Erstens sollte eine Begründung aus einer guten, kausal aufeinander aufgebauten Argumentationskette bestehen: aus A folgt B, aus B folgt C und aus C folgt D. So entsteht eine logische Kette, die einen kausalen Zusammenhang aufzeigt. Zweitens ist eine gute Begründung dann gut, wenn sie ausführlich ist. Ich stelle immer wieder sowohl in meinen Seminaren als auch in Alltagsdiskussionen fest, dass Menschen eine Behauptung aufstellen und die Begründung dabei viel zu kurz halten: Sie besteht meist aus einem Satz oder höchstens zwei Sätzen. Das ist definitiv zu wenig. Eine gute Begründung sollte in jedem Fall zwischen fünf und zehn Sätzen lang sein.

Dazu ein kurzes **Beispiel**: Stell dir vor, ich bin ein überzeugter FDP-Wähler. Und auch du solltest die FDP wählen, weil sie ohne Frage eine gute Partei, ja sogar die beste Partei Deutschlands ist! Ich habe nun die Aussage, du solltest die FDP wählen, damit begründet, dass sie die beste Partei Deutschlands ist. Ich glaube es ist relativ offensichtlich, dass diese Begründung viel zu kurz ist. Die Begründung sollte im Idealfall hier nicht enden und es sollte weiter erläutert werden, warum die FDP denn nun eigentlich die beste Partei Deutschlands ist. Welche Kriterien weist die FDP konkret auf, durch die sie sich von anderen Parteien positiv abgrenzt und was genau macht sie zur besten Partei Deutschlands? Eventuell sollte man ebenso aufzeigen, dass das, was die anderen Parteien vorschlagen, nicht so relevant ist, wie die Themen der FDP. Je länger die Begründung ist – natürlich sollte sie im Rahmen der vorgegebenen Redezeit liegen – umso besser.

Das dritte B ist das Beispiel. Es veranschaulicht das Gesagte, die abstrakt formulierte Begründung. Damit bringst du den Zuhörer zurück in die Realität und schaffst einen konkreten Bezug zum Abstrakten. Häufig ist es sogar so, dass sich die Zuschauer nach einer Rede eher an das Beispiel erinnern, als an die abstrakte Begründung. Das Beispiel kann übrigens auch eine persönliche oder allgemein bekannte Story sein. Zum Thema Storytelling habe ich gleich zwei Videos für dich:

JETZT SCANNEN!

https://www.youtube.com/watch?v=toEEwAr2lg8

JETZT SCANNEN!

https://www.youtube.com/watch?v=IJPts0q-N_c

Das «BBB»-Schema geht auf Aristoteles zurück, der gesagt hat, dass es theoretisch ausreicht, wenn eine Argumentation aus einer Begründung und einer Behauptung zusammengesetzt ist. Das Beispiel ist ihm zufolge für die Wahrheit des Arguments irrelevant, aber das Publikum braucht dennoch das Beispiel, um das Abstrakte besser zu verstehen und sich an das Wesentlich besser zu erinnern.

Fassen wir kurz zusammen: Eine Behauptung sollte möglichst klar und präzise formuliert sein. Die Begründung sollte möglichst logisch und plausibel sein. Und das Beispiel sollte möglichst anschaulich und einprägsam sein. Mit diesem Argumentationsschema hast du eine größere Chance, das Publikum von deiner Ansicht zu überzeugen. Dieses Schema passt übrigens vor allem dazu, jemanden von einer neuen Idee zu überzeugen. Das nun folgende «TBNS»-Schema ist hingegen eher handlungsorientiert, eignet sich also dafür, jemanden zu einer ganz bestimmten Handlung zu motivieren.

Das Argumentationsschema «TBNS»

Die Buchstaben in diesem Argumentationsschema stehen für folgende Begriffe:

These
Begründung
Nutzen
Schaden

Erneut gilt: Die **These** sollte kurz, präzise und eindeutig formuliert sein und zu Beginn der Argumentation genannt werden. Wie beim «BBB»-Schema sollte die **Begründung** logisch und ausführlich aus einer mindestens fünf bis zehn Sätze andauernden Argumentationskette bestehen. Im «N» und «S» unterscheidet sich dieses Schema nun von BBB: Anstelle des Beispiels stellt der Redner den konkreten **Nutzen** (N) oder den konkreten **Schaden** (S) für den anderen heraus. Die Formel lautet wie folgt:

(1) Wenn du ABC machst, dann ist EFG dein konkreter Vorteil, den du erhältst.
(2) Wenn du ABC machst, dann ist EFG ein konkreter Schaden, der folgt.
Bei Handlungsanweisungen ist dieses Argumentationsschema sehr wirkungsvoll, denn häufig denken Menschen in Nutzen- und Schadenkategorien: Das, was mir nützt, mache ich – und lasse mich überzeugen; das, was mir Schaden zufügt, muss ich unterlassen – und lasse mich folglich auch dadurch überzeugen. Im Verkauf ist es beispielsweise üblich, nicht nur aufzuzeigen, warum ein Produkt gut ist, sondern auch, was für einen konkreten Nutzen (durch die Nutzung des Produkts) oder was für ein konkreter Schaden (durch die Nicht-Nutzung des Produkts) für den Kunden entsteht. Gerade für Business-Präsentationen oder -Gespräche empfehle ich die TBNS-Formel und nutze sie in meinen täglichen Verhandlungen selbst.

Beispielargumentation zum Thema: «Man sollte nicht heiraten»

Für die Beispielargumentation habe ich mir ein ganz provokantes Thema ausgesucht. Die These, also die Behauptung, die ich vertreten werde, lautet:

«Man sollte nicht heiraten.»

Weil es hier um eine Idee geht, nutze ich das «BBB»-Schema. Hier die Argumentation:

Behauptung: Man sollte nicht heiraten!

Begründung: Wenn man heiraten will, dann möchte man miteinander das ganze Leben teilen. Das Paar verspricht sich, immer zusammen zu bleiben. In guten und in schlechten Zeiten. Die Liebenden gehen davon aus, dass sie sich immer lieben werden. Sie schließen von ihrem aktuellen (Liebes-)Gefühl auf ihre Gefühle in der Zukunft und denken und hoffen, dass ihre Gefühle füreinander so bleiben.

Dies ist aber ein Fehlschluss. Alleine schon deshalb, weil sich Menschen in zehn oder 20 Jahren radikal verändern. So ist man mit 20 Jahren anders als mit 40 Jahren. Man hat andere Interessen, andere Weltanschauungen, andere Wünsche und Ängste. Und mit 80 Jahren ist man wiederum ganz anders als mit 40. Im Laufe seines Lebens entwickelt der Mensch sich immer weiter zu einem anderen Menschen.

Es ist daher unvernünftig, jemandem zu versprechen, dass man ihn in 40 Jahren auch noch lieben wird. Denn man selbst weiß ja gar nicht, wie der Partner dann in Zukunft sein wird. Und man weiß auch nicht, wie man selber sein wird. Die Wahrscheinlichkeit, dass das Paar dann noch zusammenpasst, wird mit jedem Jahr geringer. Nicht umsonst sind die häufigsten Trennungssätze «Wir haben uns einfach auseinandergelebt» und «Es hat einfach nicht mehr gepasst zwischen uns».

Selbst wenn es eine kleine Wahrscheinlichkeit gibt, dass man sich mit seinem Partner über all die Jahre in die gleiche Richtung entwickelt, ist es fahrlässig und falsch, jemandem die ewige Liebe zu schwören. Denn niemand kann mit Sicherheit garantieren, dass er den anderen in 20 oder 40 Jahren noch lieben wird.

Beispiel: Genau so war das auch bei meiner ersten Freundin. Wir waren beide 18 Jahre alt und sehr ineinander verliebt. Wir gingen gemeinsam zur Schule und hatten gemeinsame Interessen und Freunde. Als wir dann angefangen haben, unterschiedliche Fächer zu studieren und mit unterschiedlichen Freunden die Zeit zu verbringen, hatten wir immer mehr unterschiedlichere Interessen. Plötzlich war sie sportbegeistert – und ich komponierte Lieder. Sie schwärmte von Triathleten, ich von Musik-Bands. Sie begann mit Marathon – ich mit Gesangsunterricht.

Wir haben einander zwar gut verstanden, doch war das Miteinander nach sieben Jahren nicht mehr interessant für uns beide. Wir haben uns mit 18 nie vorstellen können, dass wir uns innerhalb von sieben Jahren so unterschiedlich entwickeln und uns langsam aber sicher entlieben würden. Zum Glück haben wir nicht geheiratet!

Das war also das Argumentationsbeispiel anhand des «BBB»-Schemas. Jetzt sollten wir analysieren, warum die Argumentation so aufgebaut ist und wie man sie dennoch kritisieren könnte.

Analyse der Beispielargumentation

Schauen wir uns den Text nun für eine genauere Analyse an und finden heraus, was mit dieser Argumentation konkret bezweckt wurde:

Die Begründung ist zweifelsohne quantitativ gut, da nur ein Argumentationsstrang gewählt wurde. Und zwar die Idee, dass sich Menschen verändern und deswegen nicht wirklich versprechen können, sich für immer und ewig zu lieben. Weiterhin fällt auf, dass die Begründung aus 18 Sätzen besteht und es damit weit mehr als die empfohlenen fünf bis zehn Sätze sind. Zudem ist die Begründung in Abschnitte gegliedert.

Im 1. Abschnitt (Sätze 1-5) geht es darum, dass der Redner allgemeine Aussagen aufstellt. Hier stellt er möglichst viel Konsens her, der anschließend als Basis für die Argumentation dient. Denn der Idee, dass Menschen bei einer Heirat beabsichtigen, das ganze Leben miteinander zu verbringen und in guten und in schlechten Zeiten immer zusammen zu bleiben, würde die Mehrheit zustimmen.

Im 2. Abschnitt (Sätze 6-11) wird nun der eigentliche Grund angeführt, warum man nicht heiraten sollte: Weil Menschen sich mit der Zeit ganz stark verändern, kann man in 20, 30 oder 40 Jahren nicht wissen, ob man den anderen noch lieben wird.

Im 3. Abschnitt (Sätze 6-12) wird schließlich die Schlussfolgerung behandelt. Weil also niemand weiß, wie der Partner in vielen Jahre sein wird, ergibt es keinen Sinn, sich das Versprechen der ewigen Liebe und des ewigen Zusammenseins zu geben. So ist die Aussage, «Ich werde dich immer lieben, in guten und in schlechten Zeiten», fahrlässig und falsch. Dies kann keiner garantieren, weil man nicht weiß, wie der Mensch später sein wird.

Am Ende der Begründung kommt eine sogenannte «Selbst-Wenn-Argumentation» (diese nutzen sehr gute Redner übrigens häufig): Selbst wenn tatsächlich eine kleine Wahrscheinlichkeit besteht, dass man sich in die gleiche Richtung verändern und entwickeln wird, ist es fahrlässig und falsch, das Versprechen abzugeben, da man nicht garantieren kann, dass diese kleine Wahrscheinlichkeit tatsächlich eintritt.

Zusammengefasst gilt für die Analyse der Begründung:

- ausführlich (18 Sätze)
- beginnt mit allgemeinen, konsensfähigen Aussagen
- Kritik wird mit «Selbst-Wenn-Begründung» vorwegge nom men

Kommen wir nun zur Analyse des Beispiels: Der Redner hat ein persönliches Beispiel gewählt, welches aus insgesamt zehn Sätzen zusammengesetzt ist. In den Sätzen 1-7 geht es darum, dass der Redner die unterschiedliche Entwicklung von ihm selbst und seiner Freundin erläutert, was im Endeffekt die Begründung stärken soll. Das Beispiel veranschaulicht die unterschiedliche Entwicklung sehr gut, da aufgezeigt wird, dass die Freundin sich in Richtung des Sports weiterentwickelt hat wohingegen der Freund die Musik für sich entdeckt hat. Im Endeffekt hat sich das Pärchen dadurch auseinanderentwickelt. Bei den Sätzen 8-10 kommt das Fazit: Das Pärchen verstand sich nach sieben Jahren nicht mehr so gut und war schlussendlich froh, dass sie nicht geheiratet haben.

Alles in allem ist es eine ausführliche Argumentation, die gut ist, weil sie nicht in unterschiedliche Richtungen argumentiert, sondern gewichtet und auf einen Punkt fokussiert ist.

Nun zeige ich noch auf, wie man diese Argumentation «zu Fall» bringen kann, also wie man die Argumentation argumentativ angreifen kann und was an ihr nicht stimmt (die sogenannte Widerlegung). Dazu gebe ich dir für die inhaltliche Kritik fünf Fragen an die Hand, mit denen du herausfinden kannst, ob tatsächlich gut argumentiert wurde.

Frage 1: Ist es richtig, dass Menschen sich mit der Zeit radikal verändern? (betrifft die Sätze 6-11 der Begründung)

Die Begründung setzt voraus, dass Menschen sich mit der Zeit radikal verändern. Hier muss man hinterfragen, ob es denn tatsächlich der Fall ist, dass Menschen sich so stark verändern. Der Einwand des Kritikers könnte lauten: Tun sie nicht! Menschen bleiben immer ziemlich gleich.

Frage 2: Ist es tatsächlich wahrscheinlich, dass die Liebenden sich in unterschiedliche Richtungen entwickeln werden? (betrifft die Sätze 12-16 der Begründung)

In diesem Fall könnte der Einwand des Kritikers lauten: Wenn

die Liebenden sich wirklich lieben, dann entwickeln sie sich mit der Zeit eher in die gleiche Richtung, da sie viel gemeinsam unternehmen und dadurch Gemeinsamkeiten aufbauen.

Frage 3: Sind unterschiedliche Interessen der einzelnen Partner nicht sogar gut für das Liebespaar? (betrifft die Sätze 12-18 der Begründung)

Der Einwand des Kritikers wäre hier: Es ist sogar gut, wenn man unterschiedliche Interessen hat! Dann hat man immer genug spannende Gesprächsthemen.

Frage 4: Selbst wenn die Wahrscheinlichkeit gering sein sollte, dass man sich für immer lieben wird: Sollte man es nicht trotzdem versuchen? (betrifft die Sätze 17-18 der Begründung)

Der Einwand des Kritikers in diesem Fall: Wer an seine Beziehung glaubt, wird sich doch nicht von irgendwelchen Wahrscheinlichkeiten abschrecken lassen (ein eher romantischer Gedanke)!

Frage 5: Beweist das Beispiel mit der Freundin, dass es bei allen Paaren schief gehen muss? (betrifft das Beispiel als Ganzes)

Schließlich der Einwand des Kritikers hier: Ist doch bloß ein Einzelfall! Es kann auch gut gehen!

Zu einer genaueren Analyse kann man sich den Beispieltext noch zwei bis drei Mal durchlesen, um die Logik der Argumentation genauer nachvollziehen und die Fragen bearbeiten zu können.

Diese kritischen Fragen nützen beiden: dem Redner und dem Kritiker. Der Redner könnte sich die Frage stellen, ob es denn tatsächlich der Fall sein kann, dass sich Menschen so radikal verändern – und sie anschließend in seinem Sinne bejahen und dadurch noch etwas besser erklären, warum das so ist.

Andererseits, wenn du auf der Seite des Kritikers bist, der diese Argumentation widerlegen möchte, dann musst du natürlich gute Gründe finden, warum sich Menschen tatsächlich nicht so extrem verändern. Du müsstest aufzeigen, dass Menschen mit der Zeit eher gleich bleiben: ein Sportmuffel beispielsweise bleibt eher ein Sportmuffel etc.

Fassen wir zusammen: Die Argumentation ist ein schwieriger Bereich und viel anspruchsvoller zu beherrschen (man muss doch tatsächlich seinen Denkapparat anstellen!) als die Grundregeln der Körpersprache und Stimme, die in relativ kurzer Zeit erlernt werden können. Die Argumentationsfähigkeit ist viel fehleranfälliger und erfordert leider auch mehr Zeit, um sie wirklich zu verbessern. Aber es lohnt sich: Denn mit guten Argumenten wirst du andere Menschen von deinen Ideen überzeugen und somit vor allem im Berufsleben erfolgreicher sein.

Ich hoffe, dass du aus diesem Argumentationsbeispiel mitnimmst, dass die Begründung auf gar keinen Fall nur ein paar Sätze lang sein sollte. Jetzt hast du in jedem Fall einen guten Einblick darin, wie man das «BBB»-Schema in der Praxis anwenden kann und wie man im Anschluss die Argumentation kritisieren könnte. Wenn dich das Thema Argumentation nun auch so gepackt hat wie mich, dann empfehle ich dir meinen SPIEGEL-Bestseller «Weiße Rhetorik», wo ich viel komplexere Argumentationsschemata vorstelle.

Wie reagiere ich schlagfertig auf Kritik und Einwände?

Wir haben im Argumentationsbeispiel gesehen, dass man eine Argumentation stets von unterschiedlichen Seiten angreifen kann. Es gibt häufig kritische Fragen und Einwände, fast bei jeder Präsentation. Wie reagiert man aber professionell darauf? Als erstes kannst du dir die Frage stellen, ob der Einwand beziehungsweise die Kritik berechtigt ist. Mit anderen Worten: Ist der Einwand sachlich richtig, sachlich falsch, oder, was der häufigste Fall ist, hat der Einwand einen berechtigten und einen nicht berechtigten Teil zugleich? Schauen wir uns diese drei Fälle genauer an:

1) Wenn der Einwand/die Kritik berechtigt ist und der Kritiker inhaltlich Recht hat, dann sollten wir dem Kritiker schlicht und einfach Recht geben. Klingt eigenartig, da Menschen sich erfahrungsgemäß im Alltag in den seltensten Fällen Recht geben. Trotzdem meine Empfehlung: den inhaltlichen Fehler eingestehen, wenn dieser berechtigt ist. Der Satz dazu: «Da haben Sie absolut Recht!»

2) Wenn der Einwand/die Kritik falsch ist und damit nicht berechtigt, dann empfehle ich dir, dass du in deiner Reaktion plausibel und sachlich argumentierst, warum er mit seiner Kritik nicht richtig liegt. Um weich zu formulieren und nicht zu provozieren, könntest du wie folgt einsteigen: «Das, was Sie sagen, könnte man annehmen, doch stellt sich der Sachverhalt, wenn man auf die Tatsachen schaut, etwas anders dar…»

3) Wenn der Einwand/die Kritik teilweise berechtigt ist, dann empfehle ich dir eine Kombination aus den beiden vorher genannten Antworten: In dem Teil, in dem der Kritiker Recht mit seinem Einwand/seiner Kritik hat, zustimmen. In dem Teil, in dem er sich jedoch irrt, eine vernünftige Begründung liefern, warum das der Fall ist. Hier ein Formulierungsvorschlag: «Hinsichtlich des Punktes A haben Sie, Herr Kollege, absolut Recht. Hinsichtlich des Punktes B stellt sich der Sachverhalt, wenn man auf die Tatsachen schaut, etwas anders dar…»

Wie kann man sich im Argumentieren verbessern?

Je mehr man weiß, desto mehr Wissen kann man neu verknüpfen und durch diese Verknüpfungen zu neuen Ideen und Argumenten gelangen. Die Preisfrage aber lautet: Wie bekommt man dieses neue Wissen und damit eine breitere Allgemeinbildung, mit der man neue Argumente spontan entwickeln kann? Hier meine drei konkreten Tipps dazu:

1) Dokumentationen & YouTube-Videos: Gute Dokus findest du beispielsweise in der ARD- und ZDF-Mediathek oder bei Netflix oder YouTube. Dokumentationen gibt es zu allen Themen der Welt. Und in den meisten Fällen sind sie sehr gut gemacht. Wenn du allein diesen Tipp beherzigst und beispielsweise 50 Dokus im Jahr anschaust, dann kannst du deine Allgemeinbildung ein gutes Stück ausbauen. Schau dir gern auch meinen Vortrag auf Youtube zum Thema Argumentation hier an:

JETZT SCANNEN!

https://www.youtube.com/watch?v=sBnO_aqfjQw

2) Bücher & Online-Kurse: Du liest gerade ein Buch – und was du wahrscheinlich bereits weißt: Es ist der beste Weg,

um sich ein Thema anzueignen, weil die Informationsdichte bei Büchern am größten ist. Wenn man es aber einfacher haben möchte, sind Online-Kurse auch ein schöner Weg, um neues Wissen zu erlangen. Hier empfehle ich die Seite coursera.org, wo die unterschiedlichsten wissenschaftlichen Themen von tollen Dozenten erklärt werden.

3) Podcasts: Ob beim Joggen, Bügeln oder Autofahren: Kostenlose Podcasts sind eine schöne Erfindung, mit deren Hilfe man Experten bei ihren Solo- und Interviewfolgen lauschen kann. Ich habe zum Beispiel 20 Podcasts abonniert und höre täglich eine halbe Stunde rein.

Praktische Übung Nr. 7: «Die Argumentations-Challenge #1»

In dieser Übung geht es darum, dass du versuchst, dass «BBB»-Schema, welches ich dir in der Beispielargumentation vorgestellt habe, anzuwenden. Nutze doch die Gegenthese zu meiner Argumentation:

Warum sollte man unbedingt heiraten?

Entwickle eine Begründung und ein ausführliches Beispiel, welche jeweils aus mindestens zehn Sätzen bestehen. Notiere dir die Argumentation auf einem Blatt und achte darauf, dass du lediglich einen Begründungsstrang wählst. Das heißt, die Argumentation besteht nicht aus unterschiedlichen Punkten wie ökonomischen, gesellschaftlichen, kulturellen oder religiösen Aspekten, sondern du entscheidest dich für einen Aspekt und baust diesen in der Tiefe aus. Denn wie der griechische Philosoph Demokrit sagte:

«Die Wahrheit liegt in der Tiefe.»

Stichwort Begründungsstrang: Es gibt 15 Begründungsstränge, die wir im Alltag gut nutzen können. Ich stelle sie hier in dieser Solo-Podcast-Folge vor:

JETZT SCANNEN!

https://argumentorik.podbean.com/e/05-so-ueberzeugst-du-jeden-mit-15-argumentationstypen-weisse-rhetorik-2/

Es geht also darum, das Gegenteil von dem zu erläutern, was ich gesagt habe. Nach einer Bearbeitungszeit von circa 30 Minuten solltest du die Rede mit deinem Smartphone aufnehmen und anschließend auch deine Körpersprache und Stimme analysieren.

Praktische Übung Nr. 8: «Die Argumentations-Challenge #2»

Die Argumentations-Challenge#2 ist etwas schwieriger als die erste: Jetzt sollst du nämlich eine These vertreten, von der du selber gar nicht überzeugt bist! Du vertrittst folglich die Gegenansicht zu deiner eigenen Ansicht.

Warum machen wir diese Challenge? Ganz einfach: Häufig sind wir «verbohrt» und denken, dass unsere eigene Ansicht die beste ist. Beim Debattieren, einer studentischen Sportart, die ich jahrelang betrieben habe, werden die Thesen und damit Positionen einem zugelost und dabei habe ich mit der Zeit gelernt, dass die Gegenansicht oftmals nicht nur die guten, sondern sogar die besseren Argumente aufweist. Insofern macht das Rollenspiel mit dem Hineinversetzen in die gegnerische Argumentation nicht nur Spaß, sondern erhellt auch häufig das eigene Bild zu einem bestimmten Thema.

Da ich nicht weiß, welche Ansichten du hast, liegt es nun an dir, dich für eine der folgenden Thesen zu entscheiden. Wenn du also glaubst, dass Männer die besseren Führungskräfte sind, dann vertrete bitte die These:

«Frauen sind die besseren Führungskräfte.»

Solltest du hingegen die Meinung vertreten, dass Frauen die besseren Führungskräfte sind, dann verteidige bitte die These:

«Männer sind die besseren Führungskräfte.»

Für beide Seiten gibt es plausible Gründe. Natürlich könntest du auch die These nehmen, dass das Geschlecht gar keine Rolle spielt beim Thema Führung – oder auch eine komplett andere These wie «Gib dem Krieg eine Chance» oder «Entwicklungshilfe schadet mehr, als sie nützt». Es geht also darum, gegen die eigene Auffassung eine argumentative Rede zu halten.

Wenn du diese Aufgabe ernst nimmst, stellst du in der Vorbereitungszeit fest, dass die andere Ansicht ebenso gute Gründe hat. Somit ist diese Übung zugleich eine «Toleranz-Übung», mit der du lernst, gegenüber anderen Ansichten toleranter und aufgeschlossener zu sein. Nimm auch diese Challenge an und sprich jetzt gegen deine eigene Ansicht. Ich bin sehr gespannt, ob es dir gelingt! Übrigens: Du willst mich auch beim Argumentieren beobachten? Dann schau dir jetzt auf YouTube diese Argumentationsübung an – mit mir als Kevin:

JETZT SCANNEN!

https://www.youtube.com/watch?v=FdHrTf3oMno

Bonus-Kapitel:
Antworten auf häufig gestellte Rhetorik-Fragen

Frage Nr. 1: Haben einige Menschen mehr Redetalent als andere?

Die Antwort zu dieser Frage lautet: ja! Leider haben einige Menschen tatsächlich mehr Redetalent als andere. Wie in allen Bereichen gibt es Menschen, denen eine Sache A etwas leichter und eine Sache B etwas schwerer fällt als einem anderen. Dann gibt es Menschen, denen wiederum eine dritte Sache C leichter und eine vierte Sache D schwerer fällt als anderen Menschen.

Ich selbst kann das aus meiner eigenen Erfahrung bestätigen: Ich war als Jugendlicher sowohl Badmintontrainer als auch Gitarren-Lehrer. Als Trainer habe ich im Badminton festgestellt, dass einige Jugendliche den Schläger auf Anhieb richtig in der Hand halten und damit richtig gut umgehen konnten. Anderen dagegen musste ich die richtige Halte- und Schlagtechnik häufiger zeigen. Und als Gitarrenlehrer merkte ich, dass einige Kinder ein besseres Rhythmusgefühl aufwiesen als andere.

Ähnlich ist es auch in der Rhetorik. Die gute Nachricht allerdings lautet: Selbst, wenn man nicht zu den Talentierten gehört, macht Talent aus meiner Sicht nur höchstens 10 Prozent aus. Die restlichen 90 Prozent sind Fleiß. Das heißt, wenn du fleißig bist, dann wirst du die Talentierten auf Dauer auf jeden Fall überholen. Das ist doch eine super Nachricht!

Insgesamt gibt es drei Aspekte, die die Qualität einer Rede beeinflussen:

1. Redetalent
2. Theoriekenntnisse der Rhetorik / Argumentation
3. Praxis / Übung

Ein Wissenschaftler namens Ericsson hat eine Studie mit Geigern durchgeführt und wollte untersuchen, was den größten Ausschlag dazu gibt, ob jemand die erste Geige spielt. In dieser Studie hat er herausgefunden, dass Geiger mit mehr als 10.000 Stunden Übung im Endeffekt Solisten wurden, das heißt, als Geiger die Top-Positionen im Orchester besetzten. Jene, die weniger Zeit in Übung reingesteckt haben, wurden zu einfachen Orchester-Spielern. Schließlich jene, die am wenigsten geübt haben, wurden dann zu einfachen Geigenlehrern. Fazit: Mehr Übungsfleiß führt zu einer höheren Wahrscheinlichkeit, zu den Besten eines Fachs zu gehören. Übung macht auch in der Rhetorik den Meister!! Oder mit den Worten von Thomas Edison ausgedrückt:

> ***«Genius is only 1% inspiration and 99% perspiration.»***

Auf Deutsch übersetzt: «Das Genie besteht aus nur einem Prozent Inspiration und 99 Prozent Schweißarbeit.» Selbst wenn du also glaubst, dass du kein Redetalent besitzt, macht das gar nichts. Mit Fleiß kannst du viel ausgleichen und stetig besser werden. Insofern ergibt es durchaus Sinn, meine Rhetorik-Challenges auch noch ein zweites und drittes Mal zu machen, sodass deine Qualität als Redner kontinuierlich steigt.

Frage Nr. 2: Wie souverän auftreten bei völliger Ahnungslosigkeit?

Auch diese Frage wird mir häufig in meinen Rhetorik-Seminaren gestellt. Dazu habe ich drei schöne Techniken. Doch bevor ich auf die Techniken zu sprechen komme, einige Vorbemerkungen. Wenn man souverän auftreten möchte, dann braucht man auf jeden Fall eine souveräne Körpersprache und eine souveräne Stimme, unabhängig davon, welche der drei folgenden Techniken man anwendet. Wenn du also keine Ahnung hast über das Thema, über welches du sprichst, dann solltest du den Blickkontakt nie abreißen lassen und die Hände nicht hinter dem Rücken verstecken – sondern ganz normal auftreten, als wüsstest du, worüber du sprichst. Gleiches gilt für die Stimme: laut, deutlich, mit Stimmmelodie – als wärst du überhaupt nicht durch das Thema verunsichert. Doch was sollst du inhaltlich sagen, wenn du keine Ahnung hast?

Technik Nr. 1 lautet: *ablenken*. Das ist eine von Politikern gern genutzte Technik. Ein Journalist stellt einem Politiker zum Beispiel die Frage, wie es sich mit XYZ verhält. Und ganz unauffällig lenkt der Politiker von der eigentlichen Fragestellung ab, indem er sagt: «Ein guter Punkt – viel wichtiger ist jedoch die Frage nach ABC...» Anschließend beantwortet er die Frage ABC – womit er sich selbstverständlich auskennt – und entzieht sich der Frage nach XYZ, die ihm der Journalist eigentlich gestellt hat. Das langsame Abdriften von der ursprünglichen Frage in einen Bereich, in dem man sich auskennt, ist eine sehr gut anwendbare Ablenkungstechnik.

Technik Nr. 2 heißt: *abstrahieren*. Das bedeutet, dass man nicht zum konkreten Sachverhalt spricht, sondern das Thema abstrahiert. Wenn du nun beispielsweise von einem Schüler gefragt wirst, ob man Jura oder Geschichte studieren sollte und was du empfehlen kannst – was machst du, wenn du dich nicht auskennst? Dann solltest du abstrahieren und anstatt auf Jura oder Geschichte konkret einzugehen, redest du allgemein darüber, was wichtig ist, wenn man sich für ein Studium entscheidet. Du könntest sagen: «Bei der Studienwahl ist es wichtig, dass einem das Fach wirklich Spaß macht. Und wenn einem das Fach wirklich Spaß macht, dann wirst du es auch intensiver betreiben und dadurch schnell zu den Besten gehören.» Was hast du gemacht? Du hast zum Fach Jura gar nichts gesagt, hast abstrahiert und ganz allgemein darüber gesprochen, nach welchen Kriterien man sich ein Studium aussuchen sollte.

Technik Nr. 3 ist: die *Gegenfrage*. Anstatt auf eine Frage zu antworten, stellst du bei dieser Technik eine Gegenfrage: «Und was halten Sie von XYZ?» Manchmal fällt das dem Fragenden tatsächlich gar nicht auf. Wenn die Technik dann doch auffällt und der Fragende erkennt, dass du mit einer Gegenfrage geantwortet hast, dann könntest du einen draufsetzen mit der Zusatzfrage: «Warum stellen Sie mir eigentlich diese Frage, was genau bezwecken Sie damit?» Da fragst du den anderen also nach der Motivation, und wenn der andere dann erklärt, welche Motivation hinter der Frage steckt, kannst du weiter ablenken, indem du noch weitere Fragen zur Motivation stellst. In der Zwischenzeit kann es dann sein, dass dir die Antwort zu der eigentlichen Fragestellung auch schon eingefallen ist.

Aber nicht vergessen: Bei all den Techniken immer darauf achten, dass du Blickkontakt hältst, dass du eine souveräne Körpersprache und Stimme hast, keine hektischen Zappelbewegungen mit dem Körper vollführst und keine «ähms» einbaust. Sondern ganz cool tust, als wüsstest du, was die richtige Antwort wäre.

Frage Nr. 3: Wie gibt man richtig Feedback?

Kennst du die «Sandwich-Methode»? Ein Sandwich besteht oben und unten aus zwei Brotstücken, zwischen denen ein leckerer Belag (das Wesentliche) liegt. Bezogen auf das Feedback heißt es, dass man am Anfang und am Ende etwas Positives sagt und in der Mitte das Negative verpackt. Warum macht man das? Das Negative tut dann nicht so weh, weil es schön umhüllt ist von Lob. Die Kritik, zwischen den positiven Brotstücken verpackt, wird zwar ausgesprochen, doch das gesamte Feedback klingt gleich viel schöner – und der negative Beigeschmack am Ende bleibt aus.

Wichtig dabei ist, dass die positive Kritik ehrlich und ernst gemeint ist. Denn wie oben im Abschnitt zur Körpersprache behandelt, ist es so, dass Menschen ziemlich gut darin sind, unsere Körpersprache zu deuten. Unser Gegenüber wird in den meisten Fällen somit erkennen, wenn du es mit deinem positiven Feedback nicht ernst meinst und nur halbherzig dazu stehst. Versuche daher, die wirklich gut gelungenen Punkte zu finden und sie am Anfang und am Ende zu nennen. Ebenso ist es wichtig, in der Mitte, also beim Belag, bei der negativen Kritik konstruktiv zu sein. Es ist nicht genug, einfach nur zu sagen, was dir nicht gefallen hat. Mach es besser und gib gleich auch einen konkreten Lösungsansatz mit, wie es der andere das nächste Mal besser machen kann. Am Ende noch ein schönes Zitat des chinesischen Philosophen Laotse:

«Wahre Worte sind nicht schön,
schöne Worte sind nicht wahr.»

Die Sandwich-Methode empfehle ich übrigens auch fürs Privatleben. Denn auch da ist Feedback manchmal erforderlich – und ein Sandwich wird auch von Freunden und Lebenspartnern besser akzeptiert. Einfach ausprobieren!

Frage Nr. 4: Wie bleibe ich dem Publikum in Erinnerung?

Wie kannst du es schaffen, dem Publikum für lange Zeit in Erinnerung zu bleiben, vor allem dann, wenn viele weitere Redner versuchen, die Aufmerksamkeit auf sich zu ziehen? Drei Tipps dazu:

1) **Etwas Neues sagen**: Etwas absolut Neues zu sagen ist meist gar nicht so einfach. Doch wenn du versuchst, die abgedroschenen und schon häufig gehörten Inhalte in deiner Firma, im Klassenraum oder in deiner Gruppe zu vermeiden und dich hingegen traust, etwas Neues zu verkünden, dann bleibst du in jedem Fall in Erinnerung. Es muss nicht unbedingt provokant sein, darf aber!

2) **Etwas Neues machen**: Häufig ist es bei Vorträgen der Fall, dass alle Redner nach vorne schauen, sich auf das Publikum fokussieren und ihren einstudierten Inhalt herunterbeten. Aber stell dir vor, du machst während des Vortrags etwas komplett Neues! Du redest beispielsweise über die Zeitung und darüber, dass sich das Geschäft mehr und mehr ins Internet verlagert. Während du das sagst, nimmst du eine echte Zeitung, zerreißt sie vor dem Publikum und wirfst sie theatralisch auf den Boden. Das bleibt garantiert in Erinnerung! Ich kenne sogar Redner, die zur Veranschaulichung einer Idee ein Glas Wasser langsam auf den Boden

kippen oder beim Reden einen Handstand machen. Egal was du machst: Brich das Standard-Muster und überrasche deine Zuhörer mit einer außergewöhnlichen Tat.

3) **Etwas Neues tragen**: Wenn du dich anders kleidest als die anderen, bleibst du ebenso mit einer größeren Wahrscheinlichkeit in Erinnerung. Wenn alle Menschen also immer standardmäßig ihre Rede in Anzug und Krawatte oder Hosenkostüm halten, dann könntest du deinen Vortrag leger in T-Shirt oder bunter Bluse halten. Das bleibt mit Sicherheit in Erinnerung.

Um in Erinnerung zu bleiben, mache ich bei einigen Vorträgen selbst ziemlich verrückte Sachen, wie zum Beispiel Donald Trump imitieren oder ein kleines französisches Mädchen nachmachen. Beides habe ich hier gemacht, in meinem bisher populärsten Vortrag auf YouTube zum Thema Manipulation durch Sprache:

JETZT SCANNEN!

https://www.youtube.com/watch?v=O3CT87DxBmo

Frage Nr. 5: Wie bleibe ich authentisch?

In vielen Rhetorik-Büchern heißt es, man solle «man selbst sein», man solle «authentisch sein», man solle «so sein, wie man wirklich ist.» Darauf habe ich eine ungewöhnliche Antwort: Ich bin der Auffassung, dass man als guter Redner gar nicht versuchen sollte, authentisch zu sein! Stattdessen sollte man versuchen, professionell zu sein.

Denn stell dir vor: Wenn ich tatsächlich bei einem Vortrag «authentisch» wäre, dann sähe es so aus, dass ich kein Sakko und kein Hemd tragen würde und zerzauste Haare hätte. Authentischer wäre ich, wenn ich in meiner bequemen grauen Stoffhose und einem South-Park-T-Shirt sprechen würde, gern auch bequem in einem Stuhl sitzend. Vielleicht auch ganz ohne Gesten und mit den Händen in den Hosentaschen meiner Stoffhose. Das wäre in der Tat sehr authentisch, das wäre «echt», das wäre bequem, das wäre angenehm (für mich). Problem hierbei ist: Das wäre alles andere als professionell! Viele im Publikum würden sich sofort fragen, warum ich mir nicht mal die Mühe gemacht habe, mich vernünftig anzuziehen. Oder ein noch einfacheres Beispiel: Was ist, wenn jemand ganz authentisch alle 10 Sekunden «ähm» sagt? Sollte er diese Echtheit beim Präsentieren behalten?

Wenn wir eine Botschaft vermitteln möchten, wenn wir also von anderen Menschen abhängig sind, dann ist Authentizität nicht das Richtige – sondern Professionalität! Das heißt, dass du die hier vorgestellten Rhetorik-Tipps über professionelle Körpersprache und Stimme und natürlich auch die 10 Gebote in jeder Präsentation beherzigen solltest. Das ist professionell und kommt beim Publikum immer gut an.

Frage Nr. 6: Wo gibt es täglich kostenloses Rhetorik-Training?

Rhetorik und Kommunikation finden jeden Tag statt. Jeder

Satz, den wir kommunizieren – ob per E-Mail, per Telefon, mit einem Freund oder mit der Abteilungsleiterin – all das ist Rhetorik und all das ließe sich verbessern. Schlau ist, sich nicht nur rhetorisch und inhaltlich auf eine Präsentation vorzubereiten, sondern tatsächlich in jedem Augenblick auf die Alltagssprache und Alltagskommunikation zu achten. Jeder kommunikative Akt ist ein rhetorischer Akt. Jedes Gespräch, ob mündlich oder schriftlich, ist dein potentielles Rhetoriktraining.

Wenn du beispielsweise mit den «ähms» ein Problem hast, dann solltest du diesen Tipp folglich auch im Alltag beherzigen und darauf achten, sie zu vermeiden. Dein Kollege oder Freund könnte dich zum Beispiel auf jedes «ähm» hinweisen und so würdest du dein «ähm» ziemlich schnell bekämpfen. Oder du hast das Gefühl, dass dein Blickkontakt eine Schwäche bei dir ist. Dann könntest du auch in der Kommunikation mit deinen Freunden, Bekannten oder Kollegen auf einen guten Blickkontakt achten – und dir dazu auch Feedback geben lassen. Wenn du den Eindruck hast, dass es bei dir noch hinsichtlich der Argumentation hapert, weil beispielsweise deine Begründung oftmals zu kurz ist, dann könntest du dir vor einem informellen internen Meeting darüber Gedanken machen, wie eine gute Begründung mit mindestens fünf Sätzen aussehen könnte.

Du kannst also jede Sekunde, jede Minute und jede Stunde deine Rhetorik verbessern, indem du bewusst wahrnimmst, wie du kommunizierst und was dir in einer bestimmten Kommunikations-Situation noch nicht so gut gelingt. Ich empfehle dir, erst einmal nur einen Punkt herauszugreifen, an dem du in deiner Alltagskommunikation gezielt arbeiten möchtest. Parallel auf Körpersprache, Stimme, Argumentation, Einwände und weitere Aspekte zu achten, ist praktisch unmöglich. Hast du also eine «ähm-Schwäche», dann greife sie dir heraus und arbeite aktiv an diesem Punkt, in jeder Unterhaltung.

Rhetorik und Kommunikation finden also täglich statt. Nutze jede Chance, dich jeden Tag in der Kommunikation etwas zu verbessern, denn Übung macht bekanntlich den Meister. Dann wirst du auch für den Auftritt vor Publikum bestens gewappnet sein. Wer das «ähm» etwa aus dem Alltag verbannt, verbannt es auch aus der Präsentation, denn die Gewohnheit ist nun abgeschafft. Ob dir jemand diese rhetorische Arbeit abnehmen kann? Dazu ein schönes Zitat von Andy Warhol:

«Man sagt zwar, die Zeit verändert die Dinge.
Aber in Wirklichkeit muss man sie selbst verändern.»

An dieser Stelle: Glückwunsch! Jetzt kennst du die Rhetorik-Regeln, die dich zu einem guten Redner machen! An dieser Stelle ist unsere Reise aber natürlich nicht zu Ende. Naturgemäß lautet die nächste Frage: Wie werde ich denn zu einer **sehr guten** Rednerin? Das zeigt dir der nächste Abschnitt – fangen wir gleich an!

P.S.: Mit dem Wechsel von Redner auf Rednerin möchte ich verdeutlichen, dass es natürlich ebenso viele gute Rednerinnen wie Redner gibt. Die Rhetoriktipps waren, sind und werden natürlich immer geschlechtsunabhängig sein. ☺

3

RHETORIK FÜR FORTGESCHRITTENE:

Die fünf Aufgaben einer sehr guten Rednerin

Warum ist es so schwer, im Vortrag zu überzeugen?

Die Grundlagen der Rhetorik hast du nun also drauf. Jetzt wird es Zeit für die fünf Aufgaben einer sehr guten Rednerin und für die besten Tipps von Rhetorik-Großmeistern wie Platon, Aristoteles, Quintilian und Cicero. Du erfährst in diesem Abschnitt auch, wie du deine Sprachkraft entfaltest und mithilfe von praktischen Übungen deine Rhetorik auf das nächste Level heben kannst.

Wenn man sich mit Rhetorik auf einem fortgeschrittenen Level beschäftigt, stellt man früher oder später eine ganz bestimmte und etwas unangenehme Sache fest: den Informationsverlust beim Reden. Denn häufig nehmen wir uns als Rednerin sehr viel vor, aber das, was am Ende beim Publikum hängen bleibt, ist nur ein ganz kleiner Bruchteil dessen, was wir vorbereitet haben.

Um diesen Informationsverlust zu veranschaulichen: Das, was du in einer Präsentation sagen möchtest, ist nicht das, was du tatsächlich sagst. Ersteres sind 100 Prozent, was du aber in der Präsentation wirklich sagst, sind etwa 80 Prozent. Der Plan und die Umsetzung sind also (auch beim Reden) nicht deckungsgleich – die erste Diskrepanz. Das liegt natürlich an unserer eigenen Unzulänglichkeit, da wir bestimmte Dinge beim Sprechen vergessen, andere undeutlich sagen und einige unserer Argumente von uns einfach nicht überzeugend genug aufgebaut sind.

Die nächste Diskrepanz liegt zwischen dem, was wir tatsächlich sagen (80%) und dem, was deine Zuhörer davon verstehen. Denn nicht alles, was für dich Sinn ergibt, macht auch für die Zuhörer Sinn. Wenn du also 100% sagen wolltest, jedoch nur 80% tatsächlich sagst, können wir locker noch annehmen, dass die Leute einen Teil deiner Rede erst gar nicht verstehen und bei ihnen in den Köpfen nur 50% auch wirklich ankommt. Auch hier hört der Informationsverlust nicht auf, denn dass sie 50% deiner ursprünglich geplanten Inhalte verstehen, heißt ja nicht, dass sie alles davon einen Monat später noch wissen. Am Ende bleiben häufig weniger als 10% des geplanten Inhalts hängen. Hier nochmal als Grafik dargestellt:

Über Informationsverlust

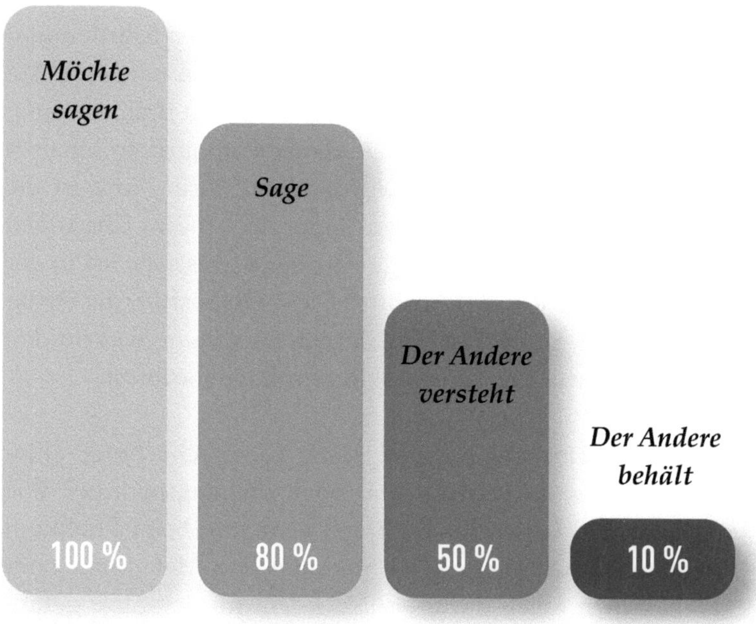

Dieses Problem haben antike Rhetoriktrainer bereits vor über 2.000 Jahren festgestellt und versucht, den Informationsverlust zumindest zu reduzieren. Ihre Lösung sind fünf ganz besondere Aufgaben, auf die wir in den kommenden Kapiteln genau zu sprechen kommen: und *Actio*. Diese fünf Aufgaben helfen der fortgeschrittenen Rednerin, den Informationsverlust unter Kontrolle zu bekommen.

Kurzer Überblick über die fünf Aufgaben

Um überzeugen zu können, muss die sehr gute Rednerin also fünf klassische Aufgaben erfüllen, welche in hunderten antiken Rhetorikbüchern als Konsens der alten Rhetoriktrainer von Jahrhundert zu Jahrhundert weitergegeben wurden.

Die erste Aufgabe der fortgeschrittenen Rednerin ist die **Inventio** (das Auffinden des Redestoffs). Im ersten Schritt musst du dir also überlegen, was du überhaupt sagen möchtest. Am Anfang steht eine einfache Stichwort-Liste, ein Brainstorming oder Mind-Mapping. Wenn man dieses Potpourri an Inhalten hat, ist es logisch, dass man im zweiten Schritt – das ist die zweite Aufgabe der sehr guten Rednerin – dieses Chaos erst einmal ordnen muss: Was sage ich zuerst, was sage ich in der Mitte, was sage ich zum Schluss? Diese **Dispositio** (die Strukturierung des Stoffes) ist wichtig, um zu wissen, was du den Zuhörern in welcher Reihenfolge vermitteln möchtest.

Die dritte rhetorische Aufgabe ist die Versprachlichung – **Elocutio.** Benutzt du Fremdwörter oder Umgangssprache? Wie verpackst du deinen Inhalt, damit er richtig beim Publikum ankommt? Auch rhetorische Stilmittel wie Metaphern oder Parallelismen fallen darunter. Nachdem du den Stoff gefunden, ihn angeordnet und versprachlicht hast, kommt der vierte Schritt – die **Memoria** (das Einprägen der Rede). In der Antike hat man in Gerichtsprozessen die Reden auswendig gelernt, um sie frei vorzutragen. Schon vor 2.500 Jahren war den alten Rhetorikmeistern klar: wenn du frei sprichst, kommt das gut an! Die letzte Aufgabe ist natürlich **Actio** – also dein Vortrag selbst. Hier spielen Körpersprache, Bewegung, Stimme, Mimik und Gestik eine wichtige Rolle – doch nach dem ersten Abschnitt bist du darin ja gut geschult. Gehen wir nun in die tiefere Analyse der fünf Aufgaben der fortgeschrittenen Rednerin.

Aufgabe 1: Inventio (Über das Auffinden des Redestoffs)

Die drei Redegattungen

Am Anfang wird eine sehr gute Rednerin entscheiden, was sie mit ihrer Rede bezwecken möchte. Dafür sollte man wissen, welche Redegattungen es gibt. Mit diesen beschäftigt sich Aristoteles in seinem bekannten Buch «Rhetorik». Es gibt drei Redegattungen, die sich im Wesentlichen in Struktur, Zeit und Ziel unterscheiden: Die beratende Rede, die Gerichtsrede und die Lobrede.

Der Zweck der **Beratungsrede** *(genus deliberativum)* ist immer, von etwas abzuraten oder etwas zu empfehlen. Zeitlich ist dieser Redetypus auf die Zukunft gerichtet. Das Ziel der Rede ist es, einen ganz bestimmten Nutzen darzustellen oder, wenn man von etwas abrät, den Schaden zu verdeutlichen, der eintreten wird, wenn man XYZ macht oder unterlässt. Die Beratungsrede ist die am häufigsten verwendete Redegattung im Alltag, denn im Business sowie im Alltag machen wir uns meistens Gedanken darüber, was als Nächstes ansteht. Zum Beispiel, ob ein neuer Mitarbeiter eingestellt oder eine neue Filiale eröffnet werden soll, ob man ein Eigenheim kaufen oder auf ein Elektroauto umsteigen soll – alle Reden zu Zukunftsfragen gehören zur Gattung der beratenden Rede. Wenn du eine solche hältst, nutze als Struktur am besten das oben dargestellte TBNS-Schema (S. 67).

Die zweite Redegattung ist die **Gerichtsrede** *(genus iudiciale)*, die nicht (nur) das Plädoyer vor dem Richter meint, sondern die Verteidigung oder Anklage vergangener Ereignisse. Du kannst mit diesem Redetypus bestimmte Maßnahmen oder Handlungen rechtfertigen oder angreifen. Das kann zum Beispiel eine Bewertung eines abgeschlossenen Projekts oder die Arbeit eines neu eingestellten Praktikanten sein. Hier geht es also um die akribische Analyse der Daten aus der Vergangenheit und strukturell eignet sich eine chronologische, evidenzbasierte Vorgehensweise.

Redegattung Nummer drei ist die **Lob- und Festrede** *(genus demonstrativum)*, in der es darum geht, eine Person zu loben (zu diesem Typus gehören auch Reden, in denen jemand getadelt werden soll). Der Fokus dieser Redegattung liegt auf der Gegenwart. Ziel der Rede ist es, zu zeigen, dass jemand schön, edel und gut oder im Gegenteil böse, ungerecht und grässlich ist. Strukturell ergibt hier eine Auflistung der guten (oder schlechten) Taten der betreffenden Person viel Sinn, um dann aus diesen Beispielen auf ihren ehrenhaften (oder unehrenhaften) Charakter zu schließen.

Warum wird sich die sehr gute Rednerin bewusst für eine dieser drei Redegattungen entscheiden? Ganz einfach: Eine

Rede hat eine Hauptbotschaft. Diese gilt es bereits in der Stoffsammlung herauszuarbeiten und Argumente zu finden, die sie unterstützen. Alles andere, was die Hauptbotschaft eben nicht betrifft, kann man getrost wegstreichen. Diese drei Redetypen helfen also dabei, nur Relevantes zu sagen und Irrelevantes wegzulassen. Damit wird nicht nur deine Rede kürzer und bündiger, sondern du kommst nicht in Gefahr, auf Nebenschauplätze abzuschweifen (was leider bei den meisten Vorträgen passiert). Die Klarheit über die Redegattung und die eigene Hauptbotschaft ist die erste Voraussetzung für eine sehr gute Rede! Doch kommen wir nun zur Frage, wo man die Argumente für die eigene Hauptbotschaft finden kann.

Auffinden des Stoffs (Topoi)

Wo findet man also gute Argumente? Es gibt bei jedem Thema allgemeine Gesichtspunkte. Diese allgemeinen Gesichtspunkte oder Allgemeinplätze nannten die Griechen «Topoi» (die Römer nannten sie «Loci»). Übersetzen lässt sich beides mit dem Begriff «Argumentations-Orte» beziehungsweise Fundstellen für Argumente. Was diese magischen Orte und Fundstellen genau sind? Im Folgenden werde ich dir die wichtigsten «Topoi» präsentieren, die du bei jedem Thema und in jeder Branche nutzen kannst.

Der erste allgemeine Gesichtspunkt, also Topos, den ich präsentieren möchte, sind die **Akteure**. Es gibt immer bestimmte, die bei einem Thema nicht wegzudenken sind. Beispiel: Wenn du über das Thema Kindererziehung sprechen möchtest, wer sind dann die relevanten Akteure? Sofort fällt dir ein: die Mutter, der Vater, das Kind selbst, die Großeltern, die Lehrer und so weiter. Wenn du also nach Argumenten suchst, dann frage dich, wer bei deinem Thema die wichtigen Akteure sind und worin sich ihre Perspektiven bezüglich des Themas unterscheiden. Schon hast du ziemlich viele Argumente aus unterschiedlichen Perspektiven! Das Schöne: Akteure gibt es bei jedem Thema, ob NATO-Erweiterung, Investments in Immobilienfonds oder Kündigungsschutz – diese gilt es also zunächst zu identifizieren und anschließend ihre jeweiligen Interessen zu analysieren.

Der zweite Topos sind die **gesellschaftlichen Bereiche**, insbesondere Wirtschaft, Politik und Kultur. Bei jedem Thema kann man nämlich wirtschaftliche, politische und kulturelle Argumente finden. Nehmen wir zum Beispiel das Thema Tempolimit auf Autobahnen:

- Was für Auswirkungen hätte das Tempolimit auf die Wirtschaft? Vor allem Autobauer würden ja nicht mehr den Anreiz haben, schnelle Autos zu produzieren. Wäre das gut oder schlecht?
- Was für eine Auswirkung hätte das auf politischer Ebene? Gerade hier steht die Freiheit der schnellen Autofahrer gegen die Sicherheit der anderen einander gegenüber. Ist nun aber Freiheit oder Sicherheit wichtiger?
- Oder aus kultureller Sicht: Gehört es nicht zur deutschen Fahrkultur, dass Menschen so schnell fahren können, wie sie wollen? Und wenn ja: Sollte sich diese Kultur verändern?

Wie du siehst, kannst du dieses und jedes andere Thema aus dem Blickwinkel der Wirtschaft, der Politik oder der Kultur betrachten und findest sofort interessante Fragestellungen und Argumente.

Wenn du erstmal keine Ahnung von einem Thema hast, dann gehe im Kopf (und natürlich mit Stift bewaffnet) immer diese drei Bereiche durch und du wirst plötzlich neue Argumente für oder gegen eine These finden. Mithilfe von Google kannst du im zweiten Schritt dann die relevanten Statistiken und Studien heraussuchen, die deine Argumentation stützen.

Der dritte Topos, den ich gern im Rahmen der *Inventio* nutze, ist der **internationale Vergleich**. Wir kennen als Deutsche ja am besten die Gesetze und Regeln in Deutschland. Doch gibt es fast 200 Staaten auf der Welt. Wie machen es die anderen mit Schulpflicht oder Drogenlegalisierung oder den Arbeitswochenstunden? Mit einer kleinen Recherche im Internet kannst du schnell herausfinden, dass der «deutsche Weg» nicht der einzig denkbare und logische ist und dich von den Gesetzen und Regeln in anderen Ländern inspirieren lassen. In deiner Rede kannst du zum Beispiel dann die Situation in Deutschland mit der in den USA und Russland vergleichen und hast auf einmal spannende Argumente für deine Rede.

Der vierte Topos, der zu meinen Favoriten zählt, ist die **Analogie.** Zum Beispiel könntest du der Meinung sein, dass Schulpflicht abgeschafft werden soll. Du möchtest, dass Kinder freiwillig zur Schule gehen, aber nicht gezwungen werden. Da könnte man folgende Analogie zu der Erwachsenenwelt basteln:

«Wir, meine Damen und Herren, sind ja alle gegen Zwangsarbeit. Zwangsarbeit ist in Deutschland verboten. Niemand soll gezwungen werden, zu arbeiten. Aber was ist eigentlich Schule für Kinder? Schule für Kinder ist nichts anderes als Arbeit. Sie müssen dorthin gehen und mitschreiben, zuhören

und Tests absolvieren. Sie werden vom Staat gezwungen. Kinder können aus diesem System nicht freiwillig austreten. Sonst kommt die Polizei und steckt sie wieder mit Gewalt zurück in die Schule. Das heißt, während die Erwachsenen die Arbeit vielleicht nicht mögen, aber trotzdem freiwillig zur Arbeit hingehen, sind wir bei unseren Kindern, die wir eigentlich schützen sollten, viel, viel strenger und legen ihnen Zwangsarbeit auf.»

Jetzt weiß ich nicht, ob du diese Analogie passend und plausibel findest. Doch darum geht es mir nicht. Ich wollte dir durch diese Analogie lediglich zeigen, dass es eine gute Idee für deine Stoffsammlung sein kann, nicht verwandte Dinge miteinander zu vergleichen und dadurch zu neuen, überraschenden Erkenntnissen zu kommen. Es ist natürlich nicht immer einfach, eine passende und überzeugende Analogie zu finden. Doch wer nicht wagt, der nicht gewinnt!

Jetzt kennst du meine vier Lieblingstopoi, also jene Argumentations-Orte, die ich selbst für meine Vorträge innerhalb der *Inventio* nutze. Doch sind das bei weitem nicht die einzigen, weswegen ich im Folgenden noch weitere aufliste, die in der Antike bei Rednern sehr beliebt waren. Grundsätzlich unterscheidet man bei den Topoi/Loci zwischen denen, die sich auf die Person beziehen *(loci a persona)* und denen, die sich auf die Sache beziehen *(loci a re)*. Schauen wir uns zunächst die letzteren an.

Loci a re

Das sind sieben weitere schöne Argumentations-Orte, die mit der Sache zu tun haben und von uns wunderbar für das Brainstorming im Rahmen unserer Stoffsammlung genutzt werden können:

1. Loci a causa (Ursache finden)
2. Loci a loco (räumliche Umstände)
3. Loci a tempore (zeitliche Umstände)
4. Loci a modo (Art und Weise der Durchführung)
5. Loci a facultate (verschiedene Möglichkeiten)
6. Loci a finitione (unterschiedliche Definitionen oder Abgrenzungen)
7. Loci a fictione (denkbare Annahmen)

Diese sieben allgemeinen Fundorte für Argumente, und das ist das Magische an ihnen, lassen sich bei jedem Thema anwenden. Es ist fast bei jedem Thema gut, nach der Ursache zu fragen, weil sich aus dieser Frage neue Zusammenhänge und Inhalte ergeben. Auch die Umstände spielen häufig eine unterschätzte Rolle: Warum etwa hat ein Team gegen das Projekt XYZ abgestimmt? Lag es am Zeitpunkt? An den Mehrheitsverhältnissen? Schon sprudeln weitere Argumente.

Als nächstes schauen wir auf die Argumentations-Orte, die mit der handelnden Person selbst in Zusammenhang stehen – sie werden uns zu vielen weiteren Argumenten inspirieren.

Loci a persona

Diese Fundstellen für Argumente liegen in der Person selbst:

1. Loci a genus (Abstammung)
2. Loci a natio (Nationalität)
3. Loci a patria (Heimat)
4. Loci a sexus (Geschlecht)
5. Loci a aetas (Alter)
6. Loci a educatio e disciplina (Erziehung und Ausbildung)

7. Loci a habitus corporis (körperliche Gründe)
8. Loci a fortuna (Schicksal)
9. Loci a conditio (soziale Stellung)
10. Loci a animi natura (Wesen, Charakter)
11. Loci a studia (Beruf)
12. Loci a quid affectet quisque (Vorlieben und Abneigungen)
13. Loci a ante acta dicta (Vorgeschichte)
14. Loci a nomen (Namen)

Nur ein Beispiel: *Loci a studia* – der Beruf prägt natürlich jeden Menschen. Je nachdem, wen ich vor mir habe, legt dieser Mensch aufgrund seines Berufes auf bestimmte Dinge mehr oder weniger Wert. Ein Ingenieur etwa wird mit höherer Wahrscheinlichkeit genau definierte Probleme und To-Do-Listen haben, die er strukturiert abarbeitet. Ein Künstler bevorzugt mitunter Flexibilität und Überraschungen und lebt tendenziell eher in den Tag hinein und fühlt sich von strenger Struktur meist eingekerkert. Aus dem Beruf kann man also viele Annahmen über die Person treffen und trefflich argumentieren, was diese Person tun wird oder wie mit ihr umzugehen ist. Wenn es um Personen geht, zum Beispiel bei Vorstellungsgesprächen und der Frage, welchen Bewerber man einstellen sollte, können die oben genannten 14 Fundstellen zu interessanten Argumenten inspirieren und so die Entscheidung für den besten Kandidaten erleichtern. Doch was, wenn man spontan argumentieren muss? Zum Glück gibt es auch hier bewährte Rhetorik-Tricks!

Spontan argumentieren – Die Assoziation (Technik I)

Wie argumentiert man aus dem Stegreif? Alle oben genannten Argumentations-Orte sind toll, funktionieren aber nur, wenn man für die Inventio zumindest etwas Vorbereitungszeit hat. Doch was, wenn du spontan argumentieren musst, zum Beispiel wenn dich deine Führungskraft unerwartet im Meeting auffordert, über ein bestimmtes Thema zu sprechen? Während meiner Debattierzeit habe ich gelernt, spontan über Themen zu sprechen. Die beste Übung dazu heißt Stegreifrede – und es ging darum, zu einem genannten Begriff mit null Vorbereitungszeit eine kurze, aber schöne Rede zu halten. Der Begriff war zum Beispiel «Parship» – und die Rednerin sollte dazu eine zweiminütige, ansprechende Rede halten. Mit der Zeit habe ich mir für diese Übung einen Werkzeugkasten zusammengestellt, den ich gern mit dir teilen möchte.

Meine erste empfohlene Technik für Stegreifreden: Assoziationen. Zu jedem Thema benötigst du eine Assoziation, die du während deiner Rede inhaltlich weiterentwickelst.

Beispiel 1: Stelle dir vor, dein spontanes Thema lautet «antike Philosophie». Du hast keine Ahnung darüber und hast nie was von Platon oder Aristoteles gelesen. Jedoch kennst du – und das ist deine allererste Assoziation – einen bekannten Spruch aus der Antike: «Ich weiß, dass ich nichts weiß.» Vielleicht weißt du nicht, von wem er stammt, aber das ist an dieser Stelle gar nicht so wichtig! Nimm deine erste Assoziation doch als Ausgangspunkt für deine spontane Rede und starte wie folgt:

«Die alten Philosophen sind berühmt für ihre Skepsis, zu hinterfragen, was sie wissen oder nicht wissen. Sie alle kennen

ja den Spruch: Ich weiß, dass ich nichts weiß. Aus meiner Sicht hinterfragen wir heutzutage zu selten die Grundfesten unserer Überzeugungen (und gibst ein aktuelles Beispiel, was wir heute hinterfragen sollten)».

Schon hast du einen schönen Redeeinstieg. Alles was du dafür brauchst, ist irgendeine erste Assoziation mit dem Thema, die dir in den Kopf schießt. Wenn du magst, dann klappe das Buch doch für zwei Minuten zu und probiere, mit der ersten Assoziation (gern auch meine Assoziation verwenden) eine zweiminütige Stegreifrede zu halten. Stoppe die Zeit – ich bin gespannt, ob du gleich beim ersten Versuch auf zwei Minuten kommst.

Beispiel 2: Fußball. Angenommen, du interessierst dich überhaupt nicht für dieses Thema. Aber du hast zum Beispiel gehört (das ist deine erste Assoziation), dass einige Spieler viele Millionen Euro im Jahr verdienen. Wenn du nicht über Taktik oder Mannschaften sprechen kannst, dann kannst du stattdessen über zu hohe Gehälter und Gerechtigkeit im Allgemeinen sprechen: ***«Ist es eigentlich gerecht, wenn ein Spieler für eine Million oder 160 Millionen Euro den Verein wechselt? Wenn er acht Millionen verdient? Was ist mit der Krankenschwester? Leistet sie einen geringeren Beitrag zu unserem Gemeinwohl? Wo ist da die Gerechtigkeit?»*** Und schon hast du einen schönen Redebeginn!

Am Anfang erscheint die Stegreifrede furchtbar schwer, aber mit der Zeit fängst du an, deiner ersten Assoziation zu einem Thema zu vertrauen und sie gedanklich weiterzuentwickeln. Mit der Zeit entsteht aus einer Assoziation eine Assoziationskette. Falls du wieder üben möchtest und dich mit dem Fußballthema nicht auskennst, dann nimm doch meinen Redestart als Auftakt und versuche, auch hier auf zwei Minuten Redezeit zu kommen. Wenn du aber beim Thema Fußball fit bist, dann habe ich ein ganz anderes Thema für dich: Astrologie. Bedenke: Die fortgeschrittene Rednerin traut ihrer ersten Assoziation, egal bei welchem Thema – und entwickelt sie, *sprechdenkend,* logisch Stück für Stück weiter.

Spontan argumentieren – Die Wortklette (Technik II)

Die zweite Technik, die sehr hilfreich ist, wenn man spontan argumentieren muss, aber noch gar nicht alle Argumente im Kopf sortiert hat, ist es, sich wie eine Klette an ein ganz bestimmtes Wort der Fragestellung zu klammern. Stellen wir uns vor, jemand möchte, dass du «kurz über Kindererziehung» sprichst. Kurz ist hier das Wort, an das wie uns klammern könnten. Du kannst also völlig spontan und losgelöst vom Thema wie folgt argumentieren: ***«Also kurz kann man sich zu diesem umfassenden Thema natürlich nicht äußern. Das Thema Kindererziehung ist ganz komplex. Das ist vielschichtig. Es gibt viele beteiligte Akteure, es gibt sehr viele gesellschaftliche Aspekte. Es gibt viele Dogmen, die unsere Erziehung prägen. International betrachtet versteht man Kindererziehung in jedem Land ein Stückchen anders…»*** Wie du siehst: Ich habe mich einfach an ein Wort aus der Themenstellung geklammert und darüber geredet.

Anderes Beispiel zur Wortklette: Stelle dir vor, jemand möchte von dir wissen, ob die deutschen Handelsüberschüsse die europäische Wirtschaft beeinträchtigen. Du hast keine Ahnung von Handelsüberschüssen? Kein Problem! Klammere dich an den Begriff der «europäische Wirtschaft» und hinterfrage, ob es sie wirklich gibt. Gibt es eine funktionierende EU? Sind nicht alle Nationalstaaten egoistisch und melken sie nur aus? Was ist mit England und dem Brexit? Was ist mit milliardenschweren Agrarsubventionen? Schon hast du deine zwei Minuten rum. Bedenke also: In jeder Themenstellung gibt es einzelne Begriffe, über die du länger sprechen kannst. Klammere dich an sie und starte immer mit dem Begriff, über den du am meisten weißt.

Spontan argumentieren – Die Ironie (Technik III)

Technik Nummer drei für das Argumentieren aus dem Stand ist die Ironie. Du übertreibst maßlos. Nehmen wir das Thema «Work-Life-Balance». Du weißt, dass der Begriff eine «Balance» darstellen möchte zwischen Arbeit und Privatleben. Doch jetzt fängst du an, maßlos zu übertreiben und zum Beispiel zu behaupten, dass die Arbeit das ganze Leben auffrisst und es gar keine Balance gibt – und zwar etwa so: ***«Ich habe eine perfekte Work-Life-Balance. Also ich stehe morgens um 7 Uhr auf, dann frühstücke ich, anschließend gehe ich zur Arbeit, arbeite neun Stunden im Büro, dann fahre ich von der Arbeit zurück (Hin- und Rückweg sind bei mir 2 Stunden). Das macht dann ungefähr elf Stunden. Anschließend muss ich noch einkaufen und für mich kochen und davor idealerweise mit meinen Kindern Hausaufgaben machen. Dann möchte meine Frau noch etwas mit mir besprechen. Zusammengenommen habe ich also auf jeden Fall maximal eine halbe Stunde für mich, bevor ich um 24 Uhr schlafen gehe. Wenn das eine Balance ist, dann ergibt der Begriff natürlich absolut Sinn!»***

Du siehst also, ich habe in meiner spontanen Argumentation maßlos übertrieben. Auf ähnliche Weise kannst du natürlich bei jedem Thema in die eine oder andere Richtung übertreiben. Der Vorteil dieser Technik? Mit Ironie fällst du auf. Du musst natürlich aufpassen, dass deine Ironie nicht in Sarkasmus oder vielleicht sogar Zynismus übergeht, Negativität mögen die Menschen nicht. Aber ein Lacher bei der Anwendung der (Selbst-)Ironie kommt immer gut an. Zumal Ironie ja nicht ausschließt, dass du nach einem witzigen Einstieg wieder ernster wirst und fachlich präzise argumentierst. Im Grunde wäre das sogar die rhetorische Traumkombination: witzig und kompetent reden.

Ich habe zum Thema Spontaneität und Argumentation eine provokante Podcastfolge, bei der ich aus unterschiedlichen Perspektiven zum Thema Prostitution spreche – solltest du nicht verpassen! Hier kommt der QR-Code dazu:

JETZT SCANNEN!

https://argumentorik.podbean.com/e/53-prostitution-tipps-um-schnell-argumente-zu-finden/

Weitere Tipps zur *Inventio*

Zuletzt möchte ich dir vier allgemeine Argumentationstipps geben, wie du deine *Inventio* noch besser gestalten kannst:

1. Der berühmte lateinische Spruch «argumenta ponderantur, non numerantur» ist der wichtigste Argumentationstipp aller Zeiten. Du kennst ihn ja bereits aus den 10 Geboten für einen guten Redner. Was der Spruch übersetzt heißt: «Argumente sind zu wiegen, nicht zu zählen.» Auch für deine Stoffsammlung gilt: **Klasse statt Masse**! Statt also über politische, wirtschaftliche, gesellschaftliche, religiöse und altruistische Aspekte zu sprechen (ich nenne das die horizontale Argumentation), nimmt sich die sehr gute Rednerin nur einen – und zwar den relevantesten – Argumentationsstrang, der ihre These am besten stützt und führt diesen in die Tiefe aus (ich nenne das die vertikale Argumentation). Wer nämlich Argumente bloß aufzählt, beweist gar nichts. Du erinnerst dich: Idealerweise liegt deine Begründungstiefe bei mindestens 10 Sätzen, am besten sogar mehr. Bei einer langen und logischen Begründung wird kein Gedankenschritt übersprungen und die Zuhörer können von A nach B nach C nach D deinem Gedankengang perfekt folgen und am Ende deiner Schlussfolgerung leichter zustimmen.

2. Was kann man dir auf deine Inhalte entgegnen? Was sind die erwartbaren **Gegenargumente**? Eine sehr gute Rednerin macht sich vorab immer Gedanken über die Gegenseite, damit sie von Zwischenfragen und Einwänden nicht überrascht wird! Es gibt übrigens, allgemein gesprochen, fünf Wege, um schlechte Argumente zu widerlegen. Diese

möchte ich dir in einer Podcast-Folge kurz und knapp darstellen:

JETZT SCANNEN!

https://argumentorik.podbean.com/e/81-schlechte-argumente-die-5-wege-der-widerlegung-weise-rhetorik-4/

3. **Einfache Erklärungen** statt unnötiger Komplexität. «Wenn du es deiner Oma nicht erklären kannst, hast du es selbst nicht verstanden», das soll bereits Einstein gesagt haben. So ist es auch bei einer sehr guten Rednerin: Sie wird komplexe Sachverhalte so weit vereinfachen, dass diese auch für Laien gut nachvollziehbar sind.

4. Recherchiere die relevanten **Daten, Zahlen und Fakten** und baue sie in deine Rede ein. Das wird trotz der umfangreichen Ressourcen oft vergessen. In Zeiten von Fake Facts ist besondere Sorgfalt angebracht: Was ist die Quelle? Wo findet man die Veröffentlichung? Wie glaubwürdig ist die Information?

5. Wäge immer die **Kosten** gegen den **Nutzen** ab. Selbst, wenn etwas für deinen Vorschlag spricht, heißt es ja noch nicht, dass es sich wirklich lohnt. Manchmal werden die hohen Kosten übersehen und die eigene Idee ist zwar schön,

aber nicht praktikabel. Dieser Fehler wird der sehr guten Rednerin natürlich nie passieren.

Jetzt haben wir genug Tipps für unsere *Inventio*. Doch wie strukturiert man jetzt den Inhalt, den wir gesammelt haben?

Aufgabe 2: Dispositio (Über die Strukturierung des Redestoffs)

Die vier Redeteile der Rhetorik-Profis

Die zweite Aufgabe des Redners ist die *Dispositio*, also die Anordnung des Redestoffs. Sicher kennst du die einfachste Redestruktur der Welt: Einleitung – Hauptteil – Schluss. Doch was für Anfänger empfehlenswert ist, ist nicht unbedingt auch das Beste, was die Rhetorik zu bieten hat.

Interessanterweise geht auch die erste professionelle Redestruktur auf Korax zurück, den ersten Rhetoriktrainer der westlichen Welt. Dieser empfahl bereits vor über 2.500 Jahren, die eigene Rede in vier Teile zu gliedern:

1. Exordium (Einleitung),
2. Narratio (Erzählung des Sachverhalts),
3. Argumentatio (Argumente),
4. Peroratio (Schlussfolgerung).

Schauen wir uns diese vier Teile der Rede im Detail an, welche natürlich nicht wie einzelne Blöcke wirken sollen, sondern jeweils mit einem fließenden Übergang (*transgressio)* verbunden sind.

1. Teil der Rede: Exordium

Wahrscheinlich weißt du bereits, dass man in der Einleitung zunächst das Thema oder die konkrete Fragestellung nennen sollte. Aber auf welche drei Punkte kommt es noch an? Dazu hatten die alten Griechen und Römer drei Regeln:

1. *Attentum parare* – die **Aufmerksamkeit des Publikums** wecken. Die Zuhörer sind manchmal gelangweilt, manche sind müde – und viele werden zum Beispiel in Unternehmen dazu «von oben» verdonnert, deiner Präsentation beizuwohnen. Erstmal müssen wir also die volle Aufmerksamkeit bekommen. Wie? Mache doch gleich zu Beginn deiner Rede etwas Unerwartetes und/oder sei gern auch etwas theatralisch. Konkrete Beispiele findest du übrigens oben, wo ich darüber schrieb, wie man beim Publikum in Erinnerung bleibt (S. 80).

2. *Captatio benevolentiae* – die Zuhörer **wohlwollend stimmen**. Die sehr gute Rednerin wird bereits am Anfang klarstellen, dass sie den Zuhörern einen Mehrwert bietet und sie dadurch auf ihre Seite ziehen. Denn Zuhörer sind egoistisch. Sobald sie einen Mehrwert für sich riechen, sind sie ganz Ohr und freuen sich auf deine Präsentation. Auch Komplimente an die Zuhörer (*insinuatio* = sich einschmeicheln) und eine herzliche Anrede einzelner Gäste wird dazu führen, dass das Publikum dir von Beginn an wohlgesonnen ist.

3. *Brevitas* – in der **Kürze** liegt die Würze. Die Einleitung sollte kurz und bündig sein, denn niemand möchte bereits zu Beginn große Ausschweifungen und persönliche Le-

bensgeschichten hören. Vor allem Sätze wie «Bevor ich anfange, möchte ich noch etwas erzählen über…» sind zu vermeiden, da Menschen es nicht unbedingt lieben, wenn man mit Nebensächlichkeiten startet. Gerade heute muss alles schnell gehen und die Ungeduld der Zuhörer darf nicht gleich zu Beginn zu deinem Endgegner werden.

2. Teil der Rede: Narratio

In der Narratio, also der Erzählung, geht es darum, den Sachverhalt korrekt darzustellen. Denn viele Redner machen den kleinen, aber feinen Fehler, dass sie sofort nach der These die Argumente für oder gegen etwas bringen. Doch zunächst muss das Publikum den Status quo kennen! Nicht alle im Raum sind gleich gut informiert und deswegen ist es wichtig, den Ist-Zustand möglichst prägnant zu erläutern, damit alle die gleiche faktische Ausgangsbasis haben.

Um den Sachverhalt darzustellen, haben die antiken Rhetorikmeister drei Maximen aufgestellt:

1. Perspicuitas = **Verständlichkeit** des Sachverhalts. Der Status quo, den du beschreibst, sollte für alle im Raum verständlich sein. Es gibt immer besser und schlechter informierte Zuhörer. Aber hier gilt es, sich an den Uninformierteren im Raum zu orientieren und vor allem unnötige bzw. unbekannte Abkürzungen und Insider-Informationen wegzulassen.

2. Propositio = **Anschaulichkeit** der Darstellung. Hier geht es darum, den Sachverhalt lebendig zu veranschaulichen – heutzutage geht es ja auch leicht mit Bildern, Videos, Gra-

fiken aber natürlich auch Sprachbildern. Gerade im technischen und naturwissenschaftlichen Bereich empfehle ich ausdrücklich die Nutzung von PowerPoint. Aber eben nicht für Textbausteine, sondern für bildliche Elemente wie Animationen und ähnliches.

3. Credibilis = **Glaubwürdigkeit** der Rednerin. Das Gegenteil von Glaubwürdigkeit wäre, wenn die Rednerin selbst in der Sache befangen wäre oder in einem Interessenkonflikt stünde. In diesem Fall würde man ihr nicht glauben, dass sie ein neutrales Bild des Sachverhalts zeichnen wird. Was immer hilft: überprüfbare Quellenangaben angeben, die deine Glaubwürdigkeit immens steigern (zum Beispiel in Form von Fußnoten und Bezügen zu wissenschaftlichen Artikeln, dargestellt etwa in Kleinbuchstaben unten auf dem Slide).

Zusammenfassend sollte die *Narratio* verständlich, anschaulich und glaubwürdig sein und hat das Ziel, die Zuhörer auf deine Argumentation vorzubereiten. Natürlich sollte man es hier mit den Details nicht übertreiben und versuchen, den Sachverhalt möglichst kurz zu fassen. Mit anderen Worten: Mache die *Narratio* so lang wie nötig, aber so kurz wie möglich.

3. Teil der Rede: Argumentatio

Kommen wir zur Beweisführung bzw. zur Argumentation. Jetzt, wo das Publikum den Ist-Zustand kennt, möchtest du einen besseren Soll-Zustand aufzeigen und argumentieren, warum dieser Soll-Zustand besser wäre – und das machst du natürlich mit Argumenten.
Der weise Aristoteles kannte zwei Arten von Argumenten: die

kunstgemäßen und die **kunstfremden**. Kunstfremde Argumente gehören streng genommen gar nicht zum Bereich der Rhetorik, also zur Kunst der Beredsamkeit, sondern liegen außerhalb der Rhetorik. Hierzu gehören zum Beispiel *Zeugenaussagen, Urteile* und *Sachverständige*. In unserer modernen Zeit zählen hierzu auch wissenschaftliche *Studien, Experimente* oder *Statistiken*. Sie sind objektive Beweise und haben dadurch eine große Aussagekraft, gelten sie doch als wahr. Wenn etwa Klauseln in einem Vertrag stehen oder Urkunden als Beweise vorliegen, ist die Argumentation relativ einfach (gegen Fakten lässt sich nichts einwenden). **Die Rhetorik ist dagegen die Kunst des Wahrscheinlichen, nicht die Wissenschaft des Wahren.** Gerade dann, wenn wir keine handfesten Beweise haben, müssen wir mit Wahrscheinlichkeiten und Einzelfällen argumentieren.

Aristoteles nennt in seinem Buch «Rhetorik» zwei Grundtypen von kunstgemäßen Argumenten:

1. Den rhetorischen Syllogismus bzw. das **Enthymem**: Jedes rationale Argument besteht aus einer Behauptung und einer (längeren) Begründung. Es gibt bestimmte Vorgaben, wie das Enthymem auszusehen hat. Diese unterscheiden sich von Fall zu Fall. Mögliche Enthymem-Strukturen haben wir bereits im ersten Teil des Buches kennengelernt (das «BBB-Schema» und das «TBNS-Schema»).

2. Das **Beispiel**: Man beschreibt einen Einzelfall und verallgemeinert diesen. Wir gehen vom Spezifischen zum Allgemeinen, also vom Beispiel zu einer allgemeinen Regel. Diese Methode nennt man auch Induktion. Je mehr

Einzelfälle, desto wahrscheinlicher ist, dass die daraus abgeleitete allgemeine Regel auch wahr ist.

Ich empfehle dir an dieser Stelle ausdrücklich, deine Argumentation – wenn möglich – *nicht* auf einem Beispiel aufzubauen. Der Grund dafür ist, dass man eine solche Argumentation mit einem Gegenbeispiel schnell zu Fall bringen kann. Dagegen ist es viel schwieriger, ein Enthymem zu widerlegen, insbesondere wenn sie in die Tiefe geht und widerspruchsfrei und plausibel dargelegt wurde.

4. Teil der Rede: Peroratio

Der finale Teil deiner Rede ist natürlich die Zusammenfassung. Man nannte sie in der Antike auch die Rekapitulation. Je länger die Rede gewesen ist, desto länger durfte diese Rekapitulation sein.

Wichtig sind am Ende der Präsentation die Emotionen. Deine Rede muss die Zuhörer emotional bewegen. Natürlich darf auch der «**call to action**» nicht fehlen, also eine konkrete Handlungsaufforderung. Plane also den Schluss so, dass du nicht einfach nur den wichtigsten Inhalt wiedergibst, sondern diesen an Emotionen heftest und selber emotional wirst. Nur mit einem starken Appell bringst du Leute zum Handeln. Darum geht es ja letztlich jeder sehr guten Rednerin: Sie hält die Rede nicht zum Spaß, sondern möchte eine Veränderung sehen. Nachdem du nun weißt, wie Fortgeschrittene ihre Präsentationen strukturieren, wird es Zeit, an der Sprache zu arbeiten und sie mit Redeschmuck zu verzieren.

Aufgabe 3: Elocutio (Über die Versprachlichung des Redestoffs)

Stilqualitäten

Bei der dritten rhetorischen Aufgabe, der *Elocutio*, geht es um die schöne Versprachlichung der vorher gefundenen und strukturierten Ideen und Argumente. Die antiken Rhetoriker haben für diesen Bereich vier Sprachtugenden aufgestellt, die eine sehr gute Rednerin immer umsetzen wird:

1. Latinitas = die Reinheit und **Korrektheit** der Sprache. Eine sehr gute Rednerin sollte grammatikalisch korrekt sprechen, um das Publikum besser zu überzeugen. Natürlich sind kleine Fehler (wie etwa Versprecher oder Füllwörter) nicht schlimm, aber sie schmälern den Eindruck der Professionalität.

2. Caritas = die **Klarheit** der Sprache. Klarheit im Sinne von Verständlichkeit und Vernehmbarkeit. Deine Rede sollte also leicht zu verstehen und gut artikuliert sein. Es bringt leider nichts, wenn die hinteren Reihen nur ein Nuscheln hören. Von dem besten Redner der griechischen Antike, Demosthenes, sagt man, dass er sich zur Übung auch Kieselsteine in den Mund gesteckt hat, um seine Artikulation zu verbessern. Die heutige Variante der Steine ist ein (oder mehrere) Weinkorken, den man sich in den Mund steckt. Damit lassen sich Aussprache und Sprechdeutlichkeit gut trainieren. Es geht aber auch um die Klarheit der Worte. Nutze Begriffe, die andere leicht verstehen und vermeide unnötige Fach- und Fremdwörter.

3. Aptum = **Angemessenheit** des Ausdrucks. Das bedeutet, sich mit der eigenen Wortwahl dem Sachverhalt anzupassen. Handelt es sich um ein trauriges oder lustiges Thema? Die Wortwahl dazu sollte stimmig sein. Die sehr gute Rednerin wählt ihre Sprache dem Publikum entsprechend (vor Akademikern Bildungssprache, vor Passanten Alltagssprache, vor Jugendlichen, zumindest teilweise, Jugendsprache verwenden etc.). Ihre Körpersprache (insbesondere Mimik und Gestik) passt sie dem jeweiligen Thema an (etwa viel, etwas oder gar nicht lächeln beim Sprechen).

4. Ornatus = **Sprachschmuck**. Es gab bereits in der Antike über 100 rhetorische Stilmittel, mit denen eine Rednerin ihre Redewirkung steigern konnte. Unsere Deutschlehrer haben uns ja vor einiger Zeit möglichst viele davon beibringen wollen. Was ist nochmal eine Periphrase? Was ist ein Hendiadyoin? Was ist eine Litotes? Zum Glück musst du nicht alle kennen!

Im Folgenden stelle ich dir zehn wirkungsvolle Stilmittel vor, die uns die Rhetorik schenkt, um unsere Vorträge noch schöner, kreativer und eloquenter zu gestalten. Drei rhetorische Stilmittel habe ich bereits im ersten Teil vorgestellt. Ich bin gespannt, ob du eines davon in dieser Fortgeschrittenenliste findest!

Zehn Stilmittel für Fortgeschrittene

1. **Neologismus**. Das heißt nichts anderes als Wortneuschöpfung. Du denkst dir ein eigenes Wort oder ein eigenes Wortpaar aus. Drei nette Beispiele: *Phono sapiens* statt Homo

sapiens, weil wir ohne unser Smartphone nicht mehr leben können («The Economist»), *Großbritánamo* als Kombination aus Großbritannien und Guantánamo («Die ZEIT»), *Argumentorik* als Kombination aus Argumentation und Rhetorik (von mir). Der Neologismus ist nicht ganz einfach zu erschaffen, aber super, wenn er einem gelingt. Denn dein neues Wort wird bestimmt in Erinnerung bleiben. Oder du nutzt einfach einen Neologismus von Dritten – auch das ist eindrucksvoll! Menschen sind immer neugierig auf neue, unbekannte Begriffe.

2. **Anapher**, die Wiederholung am Satzanfang. Prominentes Beispiel ist die «I-have-a-dream»-Rede von Martin Luther King, in der er viele Sätze mit «I have a dream» beginnen und dieses Leitmotiv sich durch seine gesamte Rede zieht. Beispiel: Wenn du über den Erfolg redest, kannst du sagen: *«Erfolg ist undefinierbar. Erfolg ist subjektiv. Erfolg ist, was du daraus machst.»* Ich habe jeden Satz mit «Erfolg» eingeleitet – und so bleibt meine Kernbotschaft mehr in Erinnerung.

3. **Chiasmus**, die Überkreuzstellung. John F. Kennedy sagte einst den berühmten Satz: *«Ask not what the country can do for you, ask what you can do for your country."* Hier hat er Subjekt und Objekt miteinander ausgetauscht. Oder: «Sein Ego ist klein, groß seine Kompetenz.» Der Chiasmus ist ein sehr schönes Stilmittel, das die Menschen beeindruckt, weil er unerwartet ist und zum Denken anregt.

4. **Hyperbel**, die Übertreibung. *«Wir haben absolut alles ausprobiert.»* Das ist ein sehr wirkungsvoller Satz. Es ist aber meist eine Übertreibung, denn selten wurde alles Erdenkliche ausgetestet. Oder: *«Dieses Buch macht dich zur Rheto-*

rik-Göttin.» Auch das ist eine absolute Übertreibung, auch wenn das Buch dich rhetorisch nach vorne bringt. Was die Hyperbel auf jeden Fall leisten kann, ist die Verdeutlichung der Kernaussage.

5. **Klimax**, der Höhepunkt. *«Er kam, sah und siegte»*. Caesars bekannte Worte sind ein solcher Höhepunkt, bei dem man unscheinbar startet und am Ende des Satzes einen Höhepunkt erreicht. Im Berufsalltag könnte man Aussagen steigern, indem man etwa erst sagt, die Verkäufe seien in der *Stadt* möglich, nächstes Jahr *regional* und übernächstes Jahr *international*. Letztlich ist die Struktur immer ähnlich: von klein zu mittel zu groß.

6. **Personifikation**, eine Sache oder ein Konzept wird zur Person erklärt. Eines der berühmtesten Beispiele ist das Gedicht. *«Stell dir vor, es ist Krieg und keiner geht hin – dann kommt der Krieg zu euch.»* In dieser Aussage wird der Krieg vermenschlicht. Anderes Exempel: «Das Angebot ist gestorben.» Die Personifikation macht den Inhalt lebendiger, bunter und anschaulicher.

7. **Antithese**. In einem Satz werden zwei gegensätzliche Thesen vorgestellt. *«Die Kunst ist lang, doch kurz ist unser Leben»* aus Goethes Faust ist eine sehr schöne Gegenüberstellung von zwei Konzepten, einer langen, ewigen Kunst und einem kurzen, sterblichen Leben. Das beste Stilmittel, um Kontraste hervorzuheben.

8. **Paradoxon**, scheinbarer Widerspruch. *«Wenn du es eilig hast, dann mache einen Umweg.»* Dieses chinesische Sprichwort klingt auf den ersten Blick widersprüchlich, bei länge-

rem Nachdenken löst sich der Widerspruch jedoch auf. Du machst in der Eile die meisten Fehler, daher wähle einen langsamen, sicheren Weg. Der Gedanke führt zunächst zur Verneinung beim Publikum. Aber wenn wir als Redner diesen Widerspruch auflösen, können wir umso intelligenter wirken. Wer möchte das nicht?

9. **Paralipse**, etwas scheinbar abtun, was man eigentlich betonen möchte. *«Ich möchte nicht, dass Sie den Aussagen von Herrn XYZ Beachtung schenken, denn er war ja im Gefängnis.»* Indem ich es nicht betone, betone ich es eben gerade doch. Der Fokus liegt genau auf dieser Aussage. Dieses Stilmittel ist etwas gemein, aber sehr wirkungsvoll.

10. **Metapher**, das Sprachbild. Mit der Metapher zeichnen wir ein anschauliches Bild, das dem Publikum noch Wochen und Jahre in Erinnerung bleibt. Sie zeichnet mehr als alle anderen Stilmittel eine sehr gute Rednerin aus. Da die Metapher also ein bedeutsames Stilmittel ist, lass uns jetzt mit ihr noch etwas näher beschäftigen.

Es geht natürlich nicht darum, eine durchweg metaphorische Sprache zu benutzen – wir sind ja nicht Goethe oder Shakespeare! Es geht aber darum, mindestens ein Sprachbild zu erschaffen, dass in der Rede die Hauptbotschaft schön veranschaulicht und beim Publikum in Erinnerung bleibt.

Eine gute Quelle für schöne Sprachbilder ist die **Jugendsprache**. In ihr wimmelt es nur so von Metaphern: *«Erzeugerfraktion»* für die gegenseitige Solidarität der Eltern zueinander; *«Evolutionsbremse»* für einen Dummkopf; *«Fünf-Finger-Rabatt»* für Diebstahl; *«Matratzenwärter»* für einen faulen Genossen; *«Zornröschen»* für eine böse junge Dame (in Anlehnung an Dornröschen). Diese Sprachbilder sind frisch und kreativ. Wenn einem erst einmal ein eigens Sprachbild eingefallen ist, gehört man rhetorisch zur oberen Liga. Doch natürlich kann man Sprachbilder auch ausleihen – aus der Jugendsprache etwa.

Eine andere Quelle für Sprachbilder sind **Zitate**. Zitate sind oft sehr metaphorisch. *«Zwei Dinge sollen Kinder von ihren Eltern bekommen, nämlich Wurzeln und Flügel»*, schrieb Goethe einst. Wurzeln stehen natürlich für Heimat und ein sicheres Heim, Flügel für die Unabhängigkeit, die Freiheit und die Lust, die Welt zu entdecken.
«Wer zur Quelle will, muss gegen den Strom schwimmen», stammt aus der Feder von Hermann Hesse. Wir wissen, dass das Wasser von der Quelle in eine ganz bestimmte Richtung fließt. Aber wenn man mit dem Fluss schwimmt, dann kommt man niemals an die Quelle des Flusses. Deswegen muss man gegen den Strom schwimmen, um den Anfang des Flusses zu erreichen. Im übertragenen Sinn: Man muss manchmal gegen Ansichten der Mehrheit gehen, um an den Ursprung einer ganz bestimmten Sache zu kommen. Wo man (metaphorische) Zitate leicht findet? Es gibt mehrere gute und kostenlose Zitat-Datenbanken, bei denen du einfach dein Thema beziehungsweise Schlagwort in ein Suchfeld eingeben kannst – und schon hast du viele Zitat-Vorschläge zu deinem Thema.

Stilmittel fallen einer sehr guten Rednerin nicht spontan beim Reden ein. Im Gegenteil: Sie wird diese Stilmittel bewusst und überlegt in ihr Redemanuskript einarbeiten und sich gerade für die wichtigen Stellen in ihrer Präsentation das passende Stilmittel aussuchen. Bereit für eine kleine Übung? Dann schaue dir jetzt einen Vortrag von mir zum Thema «Satanische Verhandlungskunst» an und versuche, die dort von mir platzierten rhetorischen Stilmittel zu finden:

JETZT SCANNEN!

https://www.youtube.com/watch?v=O3CT87DxBmo

Aufgabe 4: Memoria (Über das Einprägen des Redestoffs)

Die antike Methode

Rhetorische Aufgabe Nummer vier

ist das Auswendiglernen der Rede. Damals, vor 2.500 Jahren, gab es noch keine PowerPoint-Folien und man musste die Rede Wort für Wort auswendig lernen. Das ist heutzutage zum Glück nicht mehr notwendig.

In meinen Seminaren kommt häufig die Frage, wie die Redner es damals geschafft haben, lange Reden auswendig zu lernen. Antwort: Die gängigste Methode nannte man die «**Routenmethode**» oder «Loci-Methode». Man hatte sich eine ganz bestimmte Route im Kopf zurechtgelegt, beispielsweise die

Route durch das eigene Haus, und ist dann vor dem geistigen Auge die einzelnen Räume in bestimmter Reihenfolge durchgegangen. In jedem dieser Räume hat man sich ganz bestimmte Gegenstände wiederum in einer ganz bestimmten Reihenfolge gemerkt und anschließend die vorbereiteten Inhalte der eigenen Rede kreativ mit den Gegenständen aus den Räumen verknüpft. Der berühmteste Redner Roms, Cicero, schritt bei seinen Reden gedanklich durch die Umgebung des Forums in Rom. Bis heute nutzen, mit einigen Abwandlungen, Gedächtniskünstler und Gedächtnisweltmeister diese Methode. Wie sie konkret funktioniert?

Ein Beispiel: Fangen wir beispielsweise im Badezimmer an. Das erste, was du sehen könntest, ist das *Waschbecken*, das zweite die *Dusche* und das dritte ein großer *Spiegel*. Merke dir nun zehn weitere Gegenstände in deinem Bad in einer ganz bestimmten Reihenfolge. Wie können dir diese Orte bzw. Gegenstände im Alltag helfen? Angenommen, du gehst in den Supermarkt und möchtest dir deine Einkaufsliste merken – Einkaufszettel kann ja jeder. Stelle dir vor, du möchtest Müsli, Cola und Kirschen kaufen. Du verbindest nun die ersten beiden Dinge, das Müsli (erster Punkt auf deinem Notizzettel) und das Waschbecken (erster Gegenstand in deinem Badezimmer) mithilfe einer kreativen Geschichte, die du dir leicht merken kannst. Tipp: Am besten funktioniert es mit einem skurrilen Bild, denn das kann sich unser Gehirn am leichtesten einprägen. Beispiel: Das Müsli fällt ins Waschbecken und alles ist verklebt, sodass du es ewig putzen musst.
Wie verknüpfen wir nun die Dusche (zweiter Gegenstand in deinem Badezimmer) und die Cola (zweiter Punkt auf deinem Notizzettel)? Na klar, aus der Dusche kommt natürlich Cola raus und du freust dich riesig, denn du liebst Cola und nimmst

gleich einen ordentlichen Schluck aus der Dusche. Jetzt die Nummer drei: Der Spiegel und die Kirschen. Jetzt brauchen wir wieder ein kreatives, skurriles Bild. Idee: Beim Schminken schaust du in den Spiegel und ziehst dir ausnahmsweise Ohrringe aus Kirschen an, die übrigens super zu deinem dunklen Outfit passen. Du musst lachen, weil du nie wieder Geld für Ohrringe ausgeben willst. Diese Methode erscheint auf den ersten Blick etwas sperrig. Doch irgendwann hast du dir so viele Routen im Kopf angelegt und die einzelnen Gegenstände in jedem Raum so gut eingeprägt, dass die Verknüpfungen zu den zu merkenden Dingen schnell passieren. Auch fällt es mit der Zeit immer leichter, skurrile Geschichten zu erfinden, die sich das Gehirn extrem gut merken kann. Profis, die sich noch mehr Inhalte merken wollen, nutzen nicht nur die eigene Wohnung für ihre Route, sondern erstellen sich einen ganzen **Gedächtnispalast** mit so vielen Räumen, wie sie brauchen. Allerdings ist dieses Buch über Rhetorik und nicht über Gedächtnistechniken.
Daher belasse ich es an dieser Stelle bei dem Gesagten zu der «Loci-Methode».

Zwei modernere Methoden

Methode eins sind kleine Karteikarten, auf die wir nur Schlagworte schreiben und zu jedem Schlagwort dann spontane Ausführungen machen. Diese Gedächtnisstütze ist heute allgemein akzeptiert und auch ich selbst hielt früher gern meine Reden mit bunten Karteikarten (weiß sah mir zu langweilig aus).

Methode zwei sind **PowerPoint**-Folien, auf denen idealerweise nicht das steht, was du sagst, sondern Videos, Bilder, Grafiken und sonstige coole Dinge, welche deinen Inhalt grafisch veranschaulichen. Gerade PowerPoint macht das Auswendiglernen nicht mehr nötig, weil es allgemein akzeptiert ist und man beim Klicken auf das nächste Slide (ähnlich wie bei einer Karteikarte) dann ziemlich genau weiß, was man sagen wollte. So gesehen ist PowerPoint «betreutes Präsentieren» und ein Segen für alle, die die Rede nicht häufig üben können oder wollen.

Aufgabe 5: Actio (Über den Vortrag des Redestoffs)

Last but not least, kommt als letzte rhetorische Aufgabe die *Actio* bzw. der Vortrag selbst. Demosthenes, der beste Rhetor des antiken Griechenlands, hat immer wieder betont, dass eine mittelmäßige Rede durch einen guten Vortrag mehr Wirkung auf das Publikum hat als eine gut geschriebene Rede mit einem mittelmäßigen Vortrag. Auch Cicero pflichtet ihm bei, wenn er in seinen Werken schreibt, dass der Vortrag aus rhetorischer Sicht die größte und wichtigste Aufgabe des Redners ist.

Wie kannst du deine *Actio* also verbessern? Dafür benötigt man die im ersten Teil beschriebenen 10 Gebote der Rhetorik, aber natürlich auch jede Menge **Übung**. Wenn du eine sehr gute Rednerin sein möchtest, dann empfehle ich wöchentlich ein bis zwei Stunden Redetraining.

Auch ich brauchte Jahre, um rhetorisch gut zu werden. Zehn Jahre ging ich zum Debattierclub in München und bin auf unzählige Wettbewerbe wie Europa- und Weltmeisterschaften gefahren. Rhetorik zu lernen ist etwa so, wie eine neue Sprache zu lernen: Nach ein paar Wochen kann man die Fortschritte noch nicht wirklich sehen, aber nach ein paar Monaten wird man tatsächlich gut – und nach ein paar Jahren sehr gut beim Präsentieren vor Publikum. Holen wir uns doch jetzt ein paar Tricks von den Großmeistern der Rhetorik ab.

Bonus: Die Großmeister der Rhetorik und ihre Tipps

Es gibt ein paar große Denker, an denen man beim Studium der Rhetorik einfach nicht vorbeikommen kann. Ich möchte dir von jedem dieser Großmeister der Rhetorik mindestens drei Tipps nennen, die deine rhetorische Leistung noch weiter nach oben katapultieren werden.

Rhetorik-Tipps von Platon

Tipp 1: Das Eikos-Konzept

Platon hat zwei berühmte philosophische Dialoge über die Rhetorik geschrieben, den «Phaidros» und den «Gorgias» (sie sind übrigens kostenlos im Internet auf Deutsch auffindbar). In diesen Werken hat Platon sich mit dem alten Eikos-Konzept auseinandergesetzt. Es besagt, dass jede Rednerin sich an dem Wahrscheinlichen, an dem Glaublichen und an dem Plausiblen ausrichten soll – also an dem, was das Publikum als solches empfindet. Platon fand das Wahrscheinliche (gr.: *eikos*) jedoch schädlich, denn er war der Auffassung, dass es für alles eine **absolute Wahrheit** gibt und man sich deswegen nicht mit dem bloß Wahrscheinlichen abgeben sollte. Sowohl für die exakten Wissenschaften wie die Mathematik und Astronomie, als auch für die politischen Wissenschaften und für ethische Fragen gab es seiner Meinung nach das absolut Wahre, das ein guter Philosoph kennen und erkennen konnte. Das Plausible war ihm also nicht gut genug, für ihn zählte nur die reine Wahrheit.

Heute wissen wir allerdings, dass es bei Werturteilen (also zum Beispiel in politischen, wirtschaftlichen oder kulturellen Fragen) nicht nur eine Wahrheit gibt, sondern alles eine Sache der

Argumente und der Perspektive ist. Beispiel: Wie hoch sollten die Steuern sein? Diese Frage hat keine «wahre» Antwort, sondern es hängt von der Gerechtigkeitsdefinition ab – und diese Definition wiederum wird geprägt durch den jahrzehntelangen Diskurs in einer Gesellschaft. Bei naturwissenschaftlichen Fragen wie etwa «Wie schnell kann der schnellste Zug der Welt fahren?» gibt es dagegen, dank exakten Messgeräten, durchaus eine «wahre» Antwort. Doch sind die meisten Fragen in Beruf und Alltag (leider) Wert- oder Prognoseentscheidungen und besitzen, auch wenn wir es gern anders hätten, keine exakte oder wahre Antwort.

Das war jetzt etwas philosophisch. Doch wie nutzt du jetzt das Eikos-Konzept für dich? Wenn du eine sehr gute Rednerin sein willst, dann hast du zwei Aufgaben:

1. Du musst bei einer bestimmten Fragestellung im Vorfeld die **unterschiedlichen Alternativen** finden und sie bewerten.
2. Du musst herausfinden, welche dieser Alternativen die **wahrscheinlich erfolgreichste** sein wird und dies gut begründen können.

Das heißt mit anderen Worten: Immer dann, wenn du die Wahrheit nicht kennst und/oder keinen hundertprozentigen mathematischen Beleg hast, ist der Tipp, dich am Wahrscheinlichen und Glaubhaften zu orientieren.

Tipp 2: Nachdenken

Sein zweiter Rhetorik-Tipp lautet: Wenn der Redner nicht gründlich über etwas philosophiert, wird er niemals gründlich darüber reden können. Aus Erfahrung weiß ich: Wenn ich über ein Thema lange nachgedacht habe, kann ich viel einfacher – und dazu noch frei – darüber sprechen. So musste ich neulich in Estland zu zwei Themen debattieren: Bei der einen Debatte war die Frage, ob es moralisch richtig ist, Kinder zu bekommen; die andere Debatte drehte sich um die religiöse Stellung von Homosexuellen, die freiwillig auf das Ausleben ihrer Sexualität verzichteten. Ich hatte für beide Themen jeweils 15 Minuten Vorbereitungszeit – konnte aber deutlich besser über das erste Thema sprechen, weil ich darüber im Vorfeld lange nachgedacht hatte. Das zweite Thema war deutlich schwerer, weil ich mir dazu noch nicht mal im Entferntesten Gedanken gemacht hatte.

Das Gute ist: In deinem Alltag werden Themen ja nicht zufällig und spontan festgesetzt wie bei einer Debattier-Weltmeisterschaft, sondern viele von ihnen sind vorhersehbar. Wenn du zum Beispiel im Marketing arbeitest, ist es vorhersehbar, dass deine Führungskraft dich irgendwann fragen wird, ob es Sinn ergibt, für euer Unternehmen auch über Instagram und TikTok Werbung zu machen. Dagegen wird dich, wenn du in der Marketing-Abteilung arbeitest, deine Führungskraft wohl kaum nach der religiösen Stellung von Homosexuellen, die freiwillig auf das Ausleben ihrer Sexualität verzichten, fragen und dich zu einer spontanen Rede dazu im nächsten Meeting bewegen. Wenn ein «heißes Thema» in deiner Branche auftaucht, dann lohnt es sich, dieses im Vorfeld gut zu durchdenken – und dann die Führungskraft mit einer schönen und spontanen Rede dazu zu verblüffen!

Tipp 3: Anpassungsfähigkeit

Platons dritter Tipp lautet: Der wahre Rhetoriker kennt die Seelenarten des Menschen: bunte Seelen brauchen bunte Reden, einfache Seelen brauchen einfache Reden. Das heißt, die sehr gute Rednerin ist eine Meisterin der Anpassungsfähigkeit an ihr Publikum! Kennen wir diese Einsicht nicht schon irgendwo her? Schau mal auf das erste Gebot der Rhetorik vorne im Buch!

Übrigens gilt das mit der Anpassungsfähigkeit nicht nur für Vorträge, sondern auch für Einzelmeetings. Dazu ein persönliches Beispiel: In meinen Einzelcoachings orientiere ich mich am Klienten – so bereite ich für Ingenieure Listen vor, Juristen brauchen einen gut strukturierten und organisierten Coaching-Plan, Politiker lieben Zitate und berühmte Reden als Orientierung. Diese Anpassungsfähigkeit an dein Gegenüber kannst du natürlich ab heute auch an den Tag legen! Egal, in welchem Job du bist, versuche dich an die bunte oder einfache Seele des anderen perfekt anzupassen. Wenn der andere «bunt» ist, zum Beispiel im Sinne von etwas chaotisch und durchgeknallt, dann versuche nicht zu starr und zu langweilig zu reden. Andersherum: Wenn dein Kunde großen Wert auf Seriosität legt, ist es ganz wichtig, dass du den geplanten Inhalt in einer ernsten und sachlichen Form darstellst. Die sehr gute Rednerin ist also wie ein Chamäleon, welches sich farblich perfekt an seine Umgebung anpasst.

Rhetorik-Tipps von Aristoteles

Die Überzeugungs-Trias

Kommen wir zum zweiten großen Denker der Antike, Aristoteles. Im Gegensatz zu Platon war er ein Freund der Rhetorik und hat versucht, sie von ihrem schlechten Image des bloßen Überredens zu befreien.

Das Herzstück seines Werks «Rhetorik» bilden die drei Überzeugungsmittel, die jeder Rednerin zur Verfügung stehen: *Logos* – das Argument, *Ethos* – der Charakter der Rednerin und *Pathos* – die Leidenschaften, die die Rednerin beim Publikum erzeugen soll. Übrigens hält Aristoteles den Logos, also die Argumentation, für das wichtigste Überzeugungsmittel. Seine Begründung: Wir glauben das, wovon wir ausgehen, dass es bewiesen wurde; eben dieses Beweisen erfolgt durch Argumentation. Die anderen beiden Überzeugungsmittel braucht der Redner aufgrund der fehlenden Aufmerksamkeit der Zuhörer, ihrer mangelnden Vorkenntnisse oder aus Zeitmangel – schließlich haben wir immer eine beschränkte Redezeit. Aristoteles war also ein Verfechter einer argumentativen Rhetorik und wäre traurig, wenn er wüsste, wie amputiert die Kunst der Beredsamkeit heute mit ihrem Fokus auf Körpersprache und Stimme gelehrt wird. Gehen wir nun etwas genauer auf die drei Überzeugungsmittel ein.

1. Logos

Bei seinem wichtigsten Überzeugungsmittel unterscheidet Aristoteles zwischen zwei Beweisformen: Dem logischen Beweis (**Deduktion**) und dem rhetorischen Beweis (**Enthymem**). Der Unterschied zwischen den beiden Beweisarten ist, wie sicher man zu einer Schlussfolgerung kommt. Bei der Deduktion, also dem logischen Beweis, ergibt sich die Schlussfolgerung zwingend aus den Voraussetzungen (Prämissen). Das klassische Beispiel aus der Antike lautet:

Prämisse 1: Alle Menschen sind sterblich.
Prämisse 2: Sokrates ist ein Mensch.
Schlussfolgerung: Daher ist Sokrates sterblich.

Aus beiden Prämissen ergibt sich die Schlussfolgerung hier zwingend: Sokrates muss als Teilmenge der Menschen sterblich sein. Die Deduktion ist vor allem in Naturwissenschaften eine gängige Beweisart.

Bei dem Enthymem, dem rhetorischen Beweis, folgt die Schlussfolgerung nicht zwingend aus den Prämissen, sondern sie ist zu einem gewissen Prozentsatz wahrscheinlich (ähnlich wie in Platons Eikos-Konzept). Allerdings wird bei Aristoteles die Wahrscheinlichkeit nicht verteufelt, sondern als Notwendigkeit anerkannt, wenn die Wahrheit nicht zu finden ist. Aristoteles hat keine feste Struktur für den rhetorischen Beweis aufgestellt. Er empfiehlt jedoch, dass man von Prämissen ausgeht, die für das Publikum glaubhaft sind und von den meisten Menschen akzeptiert werden. Wenn eine gute Rednerin also ihre Argumentation beginnt, fragt sie sich, welche Prämissen bei ihren Zuhörern am ehesten auf Akzeptanz stoßen werden. Denn es wäre wenig überzeugend, die Rede mit Aussagen zu starten, welche das Publikum von vorneherein ablehnt.

2. Ethos

Das zweite Überzeugungsmittel nach Aristoteles ist das Ethos, also der glaubwürdige Charakter der Rednerin. Heute würde man vom *Image* sprechen. Das Ethos hat er wiederum in drei

Bereiche unterteilt und der Rednerin drei Eigenschaften mitgegeben, die sie verkörpern soll: Sie sollte **klug** (phronesis), **tugendhaft** (arete) sowie **wohlwollend** (eunoia) sein. Denn wir lassen uns eher von Klugen als von Dummen überzeugen, von Tugendhaften als von Lasterhaften und von guten Menschen als von Übeltätern.

3. Pathos

Das dritte Überzeugungsmittel nach Aristoteles ist das Pathos. Es sind die Gefühle, die eine Rednerin ganz bewusst bei den Zuhörern erweckt, um eine bestimmte Überzeugung beim Publikum schneller hervorzurufen. Solche Emotionen können natürlich positiv oder negativ sein, je nachdem, was besser zu unserer Redestrategie passt.

Wie macht man das im Alltag? Ein Versicherungsvertreter wird natürlich *Angst* schüren, um schneller einen Kunden für seine Versicherung zu gewinnen. Eine Führungskraft wird Hoffnung schüren, um das Team für das nächste schwierige Quartal zu motivieren. Dabei können Emotionen natürlich auch manipulativ eingesetzt werden – dessen war sich auch Aristoteles bewusst. Doch steht trotz Pathos und Ethos das Argument bei Aristoteles an erster Stelle und genau deswegen wird die sehr gute Rednerin in ihrer Vorbereitung darauf ihren Schwerpunkt legen.

Das Spannungsfeld zwischen Wahrheit und Manipulation hat mich schon seit Beginn meiner Tätigkeit als Rhetoriker interessiert. Ob die böse oder die gute Rhetorik am Ende des Tages gewinnt?

Schau dir dazu meinen TEDx-Talk an, wo ich diese Frage eindeutig beantworte:

JETZT SCANNEN!

https://www.youtube.com/watch?v=xl7O2t7L55E

Rhetorik-Tipps von Cicero

Der dritte Rhetorik-Großmeister ist Cicero, ein römischer Philosoph, Redner und Anwalt. *«Reden lernt man durch reden»* – dieses Zitat wird ihm häufig zugeschrieben. Doch, was er in seinem Buch «De oratore» wirklich schreibt, ist fast schon das Gegenteil:

Tipp Nr. 1: Schlechtes Training macht schlechter

Cicero argumentiert, dass man sich durch falsches Training auch eine falsche Redeweise aneignen kann. Das heißt, die *Quantität* des Trainings ist nicht entscheidend für den rhetorischen Erfolg. Sein Tipp ist, darauf zu achten, dass vor allem die *Qualität* des Redetrainings stimmt. Übung macht also nicht den Meister, sondern nur gute Übung.

Tipp Nr. 2: Drei Aufgaben des Redners nach Cicero

Auch Cicero hat eine Trias entwickelt und der Rednerin drei Aufgaben auferlegt: *Docere, delactare* und *movere*. Diese drei Aufgaben hast du bereits im ersten Teil des Buches kennengelernt. Doch kluge Ideen kann man nicht häufig genug wiederholen! Die sehr gute Rednerin wird ihr Publikum also zum einen **belehren** (docere) – also interessanten und neuen Input geben; zum zweiten wird sie ihre Zuhörer **unterhalten** (delectare) – das heißt, ihre Rede unterhaltsam gestalten und zum dritten wird sie ihr Publikum **bewegen** – also sie emotional treffen und nicht nur die Gehirne der Zuhörer ansprechen.

Tipp Nr. 3: Das Epicherem

Der dritte Rhetorik-Tipp von Cicero ist, sich das Begründen anzugewöhnen und kaum eine Aussage unbegründet zu lassen. Üben kann man das mit seinem sogenannten **Epicherem** – einer ganz besonderen Form des Argumentierens, bei der man jede Prämisse selbst noch einmal begründet.

Beispiel: Begründen wir nach dem Epicherem die beiden eben genannten Prämissen.
Zur Prämisse 1: Warum sind alle Menschen sterblich? Alle Menschen sind sterblich, weil sie Organe haben, die dem Verschleiß unterliegen.
Zur Prämisse 2: Sokrates ist ein Mensch, weil seine Eltern Menschen sind.
Und die Schlussfolgerung ist in beiden Fällen die gleiche.

Dieses Vorgehen, die eigenen Prämissen gesondert zu begründen, ist vor allem dann ratsam, wenn wir davon ausgehen können, dass sie nicht von allen unseren Zuhörern geteilt werden. Natürlich könnte man jede Prämisse immer weiter (bis ins Unendliche) begründen. Doch wird eine Profi-Rednerin nicht jede Kleinigkeit doppelt und dreifach begründen, sondern nur jene Prämissen, von denen sie glaubt, dass sie vom Publikum angezweifelt werden. Dass Paris die Hauptstadt von Frankreich ist, bedarf keiner langen Ausführungen. Ob Paris aber wirklich die Stadt der Liebe ist, das müsste man dann ausführlicher begründen, um es glaubhaft zu machen.

Rhetorik-Tipps von Quintilian

Kommen wir zum vierten Rhetorik-Großmeister – Quintilian. Er war übrigens der erste «echte» Professor für Rhetorik der westlichen Welt. Quintilian schrieb ein umfangreiches Werk aus zwölf Bänden, die «Ausbildung des Redners», in dem er die gesamte Rhetorik der Antike wunderbar zusammengefasst hat.

Tipp Nr. 1: Keine Rhetorikregeln?!

Sein erster Tipp ist paradox: Quintilian sagt, es gibt keine **festen Rhetorikregeln**, sondern es kommt immer auf die konkrete Redesituation an. Jede Redesituation ist ja auch anders: manchmal hat man zu wenig Zeit, um Fragen zuzulassen; manchmal muss man sich schlagfertig gegen Zwischenrufe verteidigen; manchmal muss man eine Aussage der Führungskraft schlucken, um den Job zu behalten.

Die ideale Rednerin kennt also alle Rhetorik-Regeln und weiß situativ, wie sie sie einzusetzen hat – nämlich immer passend zur objektiven Redesituation. Sie wird gegebenenfalls eine grundlegende Rhetorikregel (wie zum Beispiel eines der 10 Gebote) im Einzelfall bewusst nicht befolgen, wenn dies im konkreten Einzelfall erforderlich ist.

Tipp Nr. 2: Kann und Muss

Ein bemerkenswerter Gedanke von Quintilian lautet: Der Redner muss nicht nur so reden, dass man ihn verstehen *kann*, sondern auch so, dass man ihn verstehen *muss*. Das heißt: Am Ende deiner Rede müssen alle im Raum genau wissen, was du sagen wolltest und nicht nur erahnen, was du vielleicht sagen wolltest. Es verhält sich wie bei dem Unterschied, ob ein Fußballer ein Tor schießt oder ob er fast ein Tor schießt.

Der Tipp wird von vielen Menschen nicht befolgt. Denn oft weiß ich gar nicht, was eine Rednerin mir mit ihrer Präsentation eigentlich sagen wollte. Insofern ist die Struktur wichtig. Es ist wichtig, die Hauptthese am Anfang zu nennen, in der Mitte den Sachverhalt prägnant darzustellen und die Thesen argumentativ zu unterfüttern und am Ende nochmal das Wesentliche zu wiederholen. Auf diese Weise wird jeder deinen Gedankengang verstehen.

Tipp Nr. 3: Körpersprache ist fast King

Der dritte Tipp von Quintilian ist, dass die Körpersprache eine nicht zu unterschätzende Wirkung auf die Zuhörer hat. Dazu gibt er in seinen zwölf Büchern ein sehr schönes Beispiel – und zwar den Vergleich mit einem Gemälde. Wenn wir uns ein schönes Gemälde im Museum anschauen, dann hat es eine große Wirkung auf uns, allein aufgrund der dargestellten Körpersprache der Protagonisten im Bild. Bilder können zu uns zwar nicht verbal ansprechen, und doch berühren sie unsere Seele. Nicht, dass die Körpersprache das wichtigste an einer Rede wäre. Doch der Gemälde-Vergleich macht klar: unterschätzen sollten wir ihre Wirkung nie.

Rhetorik-Tipps von Tucholsky

Seine Ratschläge an einen guten Redner

Damit wir uns nicht nur in der Antike bewegen, möchte ich dir rhetorische Ratschläge von Kurt Tucholsky, einem sehr berühmten Journalisten aus der Zeit der Weimarer Republik, vorstellen.[6] Und zuerst gucken wir uns seine Ratschläge an einen guten Redner an:

- «Hauptsätze, Hauptsätze, Hauptsätze»
- «klare Disposition im Kopf, möglichst wenig auf dem Papier»
- «Ein Redner sei kein Lexikon, das haben die Leute Zuhause.»
- «der Ton einer einzelnen Sprechstimme ermüdet»
- «sprich nie länger als 40 Minuten»
- «versuche keine Effekte zu erzielen, die nicht in deinem Wesen liegen»
- «Ein Podium ist eine unbarmherzige Sache. Da steht der Mensch nackter als im Sonnenbad.»
- «Otto Brahm: «Wat jestrichen is, kann nich durchfallen.»

Geniale Rhetoriktipps, wie ich finde! Einen Tipp greife ich heraus: **Suche nie Effekte aus, die nicht in deinem Wesen liegen**. Ich sehe, dass einige Redner es übertreiben. Sie wollen das Publikum beeindrucken und cooler oder smarter wirken, als sie in Wirklichkeit sind. Doch das Publikum bemerkt es sofort. Das heißt, wenn du nicht exzellent schauspielern kannst, bleibe du selbst. Das wirkt viel authentischer. Wenn du zum Beispiel der ruhige Typ bist, dann bleibe eher ruhig. Damit erreichst du viel mehr, als durch das Vorgaukeln einer Person, die du nicht bist.

Ratschläge an einen schlechten Redner

Von Tucholsky stammen auch beißend ironische Ratschläge an einen schlechten Redner. Es ist eine schöne Umkehrung dessen, was eine sehr gute Rednerin machen sollte. Hier eine kleine Auswahl seiner «besten» Tipps:[7]

- «Fange nie mit dem Anfang an, sondern immer drei Meilen vor dem Anfang.»
- «Sprich nicht frei. Das macht einen so unruhigen Eindruck. Am besten ist es, du liest deine Rede ab. Das ist sicher, zuverlässig. Auch freut es jedermann, wenn der lesende Redner nach jedem Viertelsatz misstrauisch hochblickt, ob auch noch alle da sind.»
- «Sprich wie du schreibst und ich weiß, wie du schreibst. Sprich mit langen, langen Sätzen, solchen, bei denen du, der du dich zu Hause, wo du ja die Ruhe, deren du so sehr benötigst, deiner Kinder ungeachtet, hast, vorbereitest, genau weißt, wie das Ende ist. Die Nebensätze schön ineinander geschachtelt, sodass der Hörer ungeduldig auf seinem Sitz hin und her träumend, sich in einem Kolleg wähnend, in dem er früher so gerne geschlummert hat, auf das Ende solcher Periode wartet. Nun, ich habe dir eben ein Beispiel gegeben, so musst du sprechen.»

Nun hast du das Fortgeschrittenen-Wissen der Rhetorik, Glückwunsch! Da gibt es aber noch etwas, was sehr gute Rednerinnen immer beherrschen: schlagfertig auf Kritik und verbale Attacken zu antworten. Doch Schlagfertigkeit will gelernt sein! Der nächste Abschnitt bietet dir viele Techniken, mit denen du in Beruf und Privatleben spontan immer eine gute Antwort finden wirst – und das innerhalb von nur drei Sekunden!

4

IMMER EINE ANTWORT PARAT:

Die 30 besten Schlagfertigkeitstechniken

«Schlagfertigkeit ist das, was einem 24 Stunden später einfällt» – mit diesem Satz hat Mark Twain wunderbar auf den Punkt gebracht, dass die meisten Menschen zwar eine Antwort auf eine überraschende Kritik oder verbale Attacke haben, diese ihnen aber viel zu spät in den Sinn kommt. Warum fällt uns die richtige Antwort nicht sofort ein?

Ganz einfach: Uns fehlen die Schlagfertigkeitstechniken, mit deren Hilfe wir schnell eine Antwort zu jeder verbalen Attacke oder unsachlicher Kritik aus dem Ärmel zaubern können. Dieser Abschnitt stellt dir die 30 besten Schlagfertigkeitstechniken vor – 10 für Einsteiger, 10 für Fortgeschrittene und 10 für Profis. Mit ihnen bleibst du nie wieder sprachlos. Dieser Abschnitt hält übrigens viele kleine Übungen für dich bereit. Das heißt, ich werde zu jeder Technik eine verbale Attacke auf dich schleudern. Deine Aufgabe wird es sein, in drei Sekunden eine schlagfertige Antwort zu finden. Doch kommen wir zunächst zu einer genauen Definition dieses Begriffs.

Was bedeutet Schlagfertigkeit?

Ein schlagfertiger Mensch vereint drei Eigenschaften: Er antwortet schnell, spontan und treffend. Was bedeuten diese drei Punkte im Einzelnen?

Schnelle Antwort: Schnell bedeutet, dass die Antwort innerhalb von maximal zwei bis drei Sekunden erfolgt. Das heißt, wenn du länger brauchst, also fünf oder sieben Sekunden,

dann kann die Antwort inhaltlich noch so gut sein, sie «zählt» nicht mehr.

Spontane Antwort: Spontan bedeutet, dass du auf eine unerwartete Situation reagieren können musst. Denn oft erfolgen verbale Angriffe ohne Ankündigung oder Vorwarnung. Der Kollege stürmt zum Beispiel wie aus dem Nichts in dein Büro und sagt etwas Fieses zu dir. Spontanität ist also die Fähigkeit, ohne Vorankündigung eine gute Antwort zu geben.

Treffende Antwort: Treffend bedeutet, dass deine Antwort inhaltlich genau zu der verbalen Attacke passt. Dazu gibt es eine sehr schöne Geschichte über Winston Churchill, die dieses Kriterium wunderbar veranschaulicht: Er wurde bei einer Abendgesellschaft von Lady Astor angegriffen, die zu ihm gesagt hat: «Winston, wenn ich deine Ehefrau wäre, ich würde dir Gift in deinen Kaffee tun!» Darauf antwortete Winston: «Und wenn ich dein Ehemann wäre, würde ich diesen Kaffee sofort austrinken!»

Wir fassen zusammen: Ein schlagfertiger Mensch antwortet schnell, spontan und treffend (inhaltliche Dimension). Aber das ist nur die halbe Miete. Ebenso wichtig ist die äußere Dimension – also das Auftreten, mit welcher Körpersprache und Stimme man seine Antwort vermittelt. Hier machen viele Menschen den Fehler, dass sie bei einer verbalen Attacke erst einmal wegschauen, statt den Blickkontakt zu halten, zu leise antworten, oder anfangen, Verlegenheitsgesten zu machen. Das alles wirkt natürlich nicht unbedingt souverän. Nehmen wir an, du hast eine inhaltlich ganz tolle Antwort parat, aber leider wackelst du dabei mit den Füßen oder streichst dir unsicher über deine Oberschenkel. Dann wirkt diese inhaltlich so schlagfertige Antwort natürlich nicht mehr ganz so schlagfertig! Wichtig ist also auch bei der Schlagfertigkeit die professionelle Beherrschung der eigenen Körpersprache und Stimme.

Du solltest körpersprachlich keine Wackler haben und mit deiner Stimme möglichst laut und deutlich antworten!

Am Ende des Tages vereint ein schlagfertiger Mensch nicht nur diese drei erstgenannten inhaltlichen Kriterien, also eine schnelle, spontane und treffende Antwort, sondern auch die beiden äußeren Kriterien, nämlich eine souveräne Körpersprache und Stimme.

Woher kommt unsere Sprachlosigkeit?

Woran liegt es, dass wir im Moment der verbalen Attacke oder unsachlicher Kritik wie paralysiert dastehen und nichts antworten können? Antwort: Weil die negativen Emotionen unser Hirn blockieren! Wir sind bei einer ungerechtfertigten, unfreundlichen Attacke zu wütend, zu aufgebracht, zu ängstlich und manchmal verspüren wir auch Hass auf das Gegenüber. Wie konnte er das nur sagen? Dieses Arschloch! Diese Emotionen blockieren unser rationales Denken und damit unsere Fähigkeit, zu antworten. Wie umgeht man diese Blockade? Dazu gibt es zwei Antworten, die einfache und die komplizierte. Die einfache Antwort lautet: Man muss diese negativen Emotionen gar nicht richtig beherrschen, sondern es reicht, Schlagfertigkeitstechniken auswendig zu lernen und anzuwenden.

Von diesen Techniken wirst du ja gleich 30 kennenlernen. So wird dir die Rückfragetechnik sofort immens gegen deine Sprachlosigkeit helfen, denn du stellst dabei immer dieselbe Frage, ohne wirklich über die Formulierung nachdenken zu müssen. Natürlich ist es eine Herausforderung, alle 30 Schlagfertigkeitstechniken zu kennen und bei Bedarf die richtige aus dem Teich herauszufischen und deinem Gegenüber stolz zu präsentieren. Doch kannst du dir auch einfach drei bis fünf Techniken intensiver aneignen – und die anderen nimmst du einfach nur zur Kenntnis.

Nun die schwierige Antwort, warum uns negative Emotionen so stark blockieren. Warum entstehen diese negativen Emotionen eigentlich in uns, wenn jemand uns etwas vorwirft? Warum werden wir überhaupt wütend? Meine Doppel-Antwort wird dich vielleicht überraschen: Erstens haben wir zu hohe Erwartungen an unsere Mitmenschen und glauben, dass diese immer nett und zuvorkommend sind. Was sie natürlich nicht immer sind. Wenn also ein Kollege kommt und plötzlich etwas Böses sagt, dann sind wir perplex und wütend. Wenn ich jedoch davon ausgehe, dass andere Menschen einen schlechten Tag haben können und an diesen Tagen häufiger mal blöde Bemerkungen machen, dann bin ich nicht perplex, wenn so eine blöde Bemerkung kommt. Eine realistische Erwartung schützt also vor negativen Emotionen. Zumal wir anerkennen müssen, dass wir auch mal einen schlechten Tag haben und selbst hin und wieder einen dummen Spruch machen.

Zweitens haben wir oft ein Problem mit uns selbst. Der andere spricht nur zufällig etwas an, das uns selbst stört, etwa eine Gewichtszunahme, und wir fühlen uns angegriffen. Als rationale Reaktion, akzeptieren wir entweder die neu hinzugewonnenen Kilos oder arbeiten daran, sie wieder loszuwerden. In beiden Fällen wird mich dann die Gewichtsbemerkung nicht stören: entweder, weil ich mich akzeptiert habe; oder, weil ich an mir arbeite und es nur eine Frage der Zeit ist, bis ich mein altes Gewicht wiederbekomme. Mit anderen Worten: Verbale Attacken treffen uns häufig deshalb, weil sie einen wahren Kern haben. Sie sind wie ein herausgestreckter Spiegel, der uns zeigt, was wir nicht sehen wollen!

Ein persönliches Beispiel: Ich habe keine Ahnung vom Programmieren. Nun kommt jemand und sagt mir: «*Aber Wlad, im 21. Jahrhundert musst du doch programmieren können, das ist die wichtigste Fähigkeit dieses Jahrhunderts!*» Wird mich diese Aussage attackieren? Nein, denn ich habe schon in der Schulzeit beschlossen, meine mangelnden Kenntnisse in diesem Bereich zu akzeptieren und mich in anderen Bereichen weiterzuentwickeln. Diese Unangreifbarkeit ist aber nur möglich, weil ich mich zuvor selbst analysiert habe und weiß, wo meine Stärken, Schwächen und Ziele liegen. Diese Selbstanalyse kann enorm helfen, negative Emotionen abzubauen und ihnen manchmal sogar zuvorzukommen, weil sie das Selbst-Bewusstsein fördern. Doch genug der Ursachenforschung, es wird Zeit für die Techniken!

10 Schlagfertigkeitstechniken für Einsteiger

Bei jeder Technik muss man sich eine wichtige Frage stellen: Was ist die Folge der Technik, die ich anwende? Was löse ich damit beim anderen aus? Einige Techniken führen zum Dialog, andere zum Abbruch des Dialogs. Einige sind provokant, einige diplomatisch, andere wiederum konfliktträchtig.

Auch wichtig: Wie stehe ich im Verhältnis zu der anderen Person? Bei Vorgesetzten oder Kunden etwa lassen sich nicht alle Techniken anwenden, da das Prinzip der Höflichkeit gilt und man nicht unverschämt herüberkommen möchte. Bei einem Kollegen auf der gleichen Hierarchiestufe hingegen kann man fast alle Techniken einsetzen.

Ein dritter Aspekt, bevor wir zu den Einzeltechniken kommen: Möchte/muss ich mit diesem Menschen weiter zusammenarbeiten? Es gibt diplomatische und fiese Techniken – also überlege gut, welche du bei wem einsetzen möchtest. Bei einem Büronachbarn sieht es zum Beispiel ganz anders aus als bei jemandem, dem du auf der Straße begegnest. Diese drei Dinge sollte man vorab bedenken.

Die Rückfrage (Technik Nr. 1)

Wie der Name schon sagt, stellt man bei dieser Variante eine Rückfrage, anstatt sich zu erklären und zu rechtfertigen. Am besten stellst du nach einer Attacke diese Frage in diesem genauen Wortlaut und mit einem freundlichen Unterton:

«Was meinen Sie damit?»

Anschließend schaust du den anderen fragend an und machst eine deutliche Pause. Diese unscheinbare Rückfragetechnik ist sehr einfach zu erlernen und hält drei ganz wesentliche Vorteile für dich breit:

1. Du gewinnst Zeit zum **Nachdenken**. Denn dadurch, dass du den anderen etwas fragst, muss er erstmal antwor ten und du selbst hast Zeit, über deine eigentliche Antwort nachzudenken, während er redet.

2. **Einfachheit**. Denn du musst keine ironische, perfekte oder ausgeklügelte Antwort in petto haben, sondern wen

dest diese Standardfrage bei jeder unsachlichen Kritik oder Beleidigung an. Diese Technik klappt sogar im unaus geschlafenen Zustand und ist wegen der festen Formulie rung kinderleicht.

3. **Das Gegenüber kommt unter Druck**. Mit der Frage nach dem Sinn der eigenen Worte rechnet der Angreifer nicht und ist überrascht. Nun muss er selbst nach denken und gerät unter Druck, selber schlagfertig sein zu müssen. Es gibt Menschen, die auf diese Rückfrage überhaupt nichts sagen können und verbal schachmatt gesetzt werden. Denn sie können nicht erklären, warum sie diese Worte ausgesprochen haben. Viele erkennen auch den Fehler und entschuldigen sich für den unangemessenen Kommentar.

Beispiel: Wenn jemand zu dir kommt und sagt, dass deine Krawatte nicht passt, fragst du einfach: «Was meinst du damit?» Alternativ könntest du auch etwas variieren und zurückfragen: «Warum passt sie nicht? Wie meinst du das?»

Kleine Übung zur Rückfragetechnik:

Verbale Attacke: «Deinen Kleidungsstil finde ich irgendwie unpassend heute.»

Was antwortest du? Du hast drei Sekunden Zeit!

Ich hoffe, du hast eine der Rückfragen angewendet. Diese simple Technik kannst du selbstverständlich auch bei deiner Führungskraft oder bei dem wichtigsten Kunden anwenden – achte nur auf eine freundliche und neugierige Stimmmelodie.

Allein diese Technik macht dich gleich 30,75 Prozent schlagfertiger!

Überraschende Zustimmung (Technik Nr. 2)

Die zweite Technik heißt die überraschende Zustimmung. Sie heißt deshalb die überraschende Zustimmung, weil unser Angreifer nach einer verbalen Attacke mit allem rechnet, nur nicht mit einer einfachen Zustimmung zu seinem blöden Kommentar. Zwei Beispiele:

Verbale Attacke: «Du hast aber ziemlich viel getrunken bei der Firmenfeier gestern!»
Antwort: «Ja, das stimmt.»

Oder jemand sagt, dass die Präsentation, die du gestern gehalten hast, am Anfang etwas holprig war. Du antwortest: «Ja, ich weiß.»

Diese überraschende Zustimmung hat einen sehr interessanten psychologischen Effekt: Der Angreifer erwartet, dass du dich lange und ausführlich rechtfertigen wirst, warum die Präsentation holprig war oder warum du viel getrunken hast und kann sich nicht im Entferntesten vorstellen, dass du seinen Vorwurf sofort bejahst. Vollkommen vor den Kopf gestoßen, kann er deiner Antwort nichts mehr hinzufügen und sein Angriff verpufft. Mit einer Zustimmung nimmst du ihm den Wind aus den Segeln.

Nicht vergessen: Der Ton macht die Musik! Wenn wir unsere Zustimmung in einem
unsicheren, ja fast schon fragenden Ton von uns geben, funk-

tioniert diese Technik nicht. Sie wirkt nur, wenn du deine Zustimmung sehr selbstbewusst von dir gibst, also mit einer festen, lauten Stimme und am besten mit einem süffisanten Lächeln und einem festen Blickkontakt noch dazu.

Übung zur Zustimmungstechnik:

Verbale Attacke: «Wussten Sie eigentlich, dass bei Ihnen gestern die vierte Folie in Ihrer Präsentation fehlte?»
Deine Antwort: ? (bitte laut aussprechen und sich einen bestimmten Kollegen dabei vorstellen)

Ich hoffe, du hast deine Zustimmung sehr selbstsicher rübergebracht. Sollte es sich für dich nicht zu 100 Prozent sicher angefühlt haben, sage deine Antwort nochmal, bis es locker-flockig klingt und du mit deiner Stimme dem anderen das Signal gibst, dass du kein Problem mit einem Vorwurf hast. Wie sagen die Amis so schön: *Fake it until you make it!*

Die Notbremse (Technik Nr. 3)

Die dritte Technik, die ich dir vorstellen möchte, heißt die Notbremse-Technik. Diese Technik passt vor allem dann, wenn der andere extrem frech oder fast schon beleidigend wird. Es gibt zwei Varianten: Die gelbe und die rote Karte. Die gelbe Karte bedeutet, du gibst dem anderen noch eine Chance sich zu bessern.

Ein Kollege sagt zum Beispiel: «Alles Bullshit, was Sie gesagt haben!» Dann kannst du antworten: «Entweder reden wir jetzt im vernünftigen Ton miteinander oder wir beenden hiermit das Gespräch.» Es ist wie im Fußball: Die gelbe Karte ist eine Verwarnung. Er kann sich bessern. Er muss nicht. Wenn er sich nicht bessert, dann brichst du das Gespräch ab. Er bekommt von dir eine Chance, die du ihm natürlich nicht geben musst. Du kannst bei einer schweren menschlichen Verfehlung auch sofort die rote Karte zeigen. Und diese formulierst du am besten so: «Wir beenden hiermit das Gespräch. So möchte ich mit Ihnen nicht weiter kommunizieren.» Dann drehst du dich um und gehst.

Die Entscheidung über gelb oder rot liegt bei dir und hängt davon ab, wie viel dir dein Gesprächspartner bedeutet beziehungsweise, was du durchgehen lassen willst und was nicht. Diese Entscheidung ist natürlich sehr subjektiv. Klar ist aber: Diese Technik ist sehr radikal und eignet sich weniger für Vorgesetzte oder wichtige Kunden. Klar ist aber auch: Die Anwendung dieser Technik wird den anderen beeindrucken, weil er sehen wird, dass es bei dir klare Grenzen gibt. Kurzfristig ist er vielleicht selber beleidigt, dass du ihm die gelbe oder rote Karte gezeigt hast. Langfristig wird er aber mehr Respekt vor dir haben, weil du dir nicht alles gefallen lässt.

Übung zur Notbremse-Technik:

Verbale Attacke: «Ist doch unter aller Sau, was Sie da von sich geben!»
Deine Antwort: ?

Ich hoffe, du hast innerhalb von drei Sekunden entschieden, welche Karte du zeigen solltest. Auch hier ist wieder enorm wichtig: Die starke und selbstbewusste Stimme sowie die starke und selbstbewusste Körpersprache, wenn du deine Verwarnung aussprichst.

Die Retourkutsche (Technik Nr. 4)

Die nächste Schlagfertigkeitstechnik heißt: die Retourkutsche. Einer der häufigsten Orte, wo man die Retourkutsche hört, sind Talkshows im Fernsehen, wo Menschen einander angreifen. Wenn der eine sagt: «Du siehst fett und hässlich aus», dann entgegnet der andere nicht selten: «Guck dich doch selbst im Spiegel an!»

Die Retourkutsche bedeutet, den Spieß umzudrehen. Du gibst das gleiche zurück, womit du angegriffen wurdest – oder legst noch eine Schippe drauf.

Ein bildungsbürgerliches Beispiel: «Also das, was du gerade erklärt hast, das war komplett unverständlich. Das war so schlecht erklärt. Das kann niemand verstehen.» Als Retourkutsche könnte man so einen subtilen Gegenangriff starten und sagen: «Du hast Recht! Um das, was ich gesagt habe, zu verstehen, braucht man Vorwissen, welches du leider noch nicht besitzt.» Das ist die elaborierte Version der Retourkutsche, ganz ohne profane Beleidigungen.

Die Retourkutsche muss man sehr vorsichtig anwenden, denn offensichtlich kannst du mit dieser Technik den anderen beleidigen. Du musst hier selbst entscheiden, ob du dich auf das gleiche tiefe Niveau begeben möchtest oder lieber eine andere Schlagfertigkeitstechnik wählst. Für angriffslustige Menschen und bei Attacken von Unbekannten auf der Straße eignet sie sich wunderbar.

Übung zur Retourkutschentechnik:

Verbale Attacke: «Also die Grafiken, die Sie da an die Wand geworfen haben, die waren ja komplett widersprüchlich! Da widerspricht ja die eine Grafik der anderen, also komplett absurd.»
Deine Antwort: ?

Hier mein Antwortvorschlag: «Ah, da hast du natürlich völlig Recht. Für ein ungeübtes Auge erscheinen die Grafiken tatsächlich ziemlich widersprüchlich. Wenn man sich aber gut auskennt, dann erkennt man schnell, dass ...»

Die Verweigerungstechnik (Technik Nr. 5)

Bei der Verweigerungstechnik ist die Aufgabe, einfach das zu verweigern, was der andere von uns dreist fordert. Stellen wir uns vor, der Kollege kommt rein und sagt: «Erklären Sie mir Ihre Vorgehensweise!» Statt sich irgendwie zu rechtfertigen und vielleicht auch noch sklavenartig der Forderung nachzukommen, antwortest du einfach: «Ich muss Ihnen nichts erklären. Ich schulde Ihnen nichts.» Bei dieser Technik weiß der Kollege ganz genau: Bestimmte Dinge tust du für ihn – und bestimmte Dinge eben nicht.

Anderes Beispiel: Alle sitzen abends in einer Bar und ein Kollege sagt mit offensichtlich befehlerischem Ton: «Hey Müller, geben Sie mal den Aschenbecher her.» Du entgegnest: «Mayer, nehmen Sie sich den doch einfach selbst.»

Da Vorgesetzte ein Weisungsrecht haben, ist diese Technik bei ihnen mit Vorsicht zu genießen, denn man kann nicht einfach die Arbeit verweigern (ohne eine Abmahnung zu riskieren). Es sei denn, er bittet dich um etwas, was offensichtlich nicht zu deinen Aufgaben zählt. Dann kannst du ihm mit einer freundlichen Version der Verweigerungstechnik verdeutlichen, was deine Aufgaben sind und was nicht. Ein Beispiel: Eine Verkäuferin, die bei mir ein Coaching gemacht hast, wurde von ihrem Chef dazu verdonnert, Fenster und Böden im Büro zu putzen. Trotz der Befürchtung, entlassen zu werden, hat sie diese Technik angewandt und der Chef hat verstanden, wo seine Grenzen bei ihr liegen.

Übung zur Verweigerungstechnik:

Verbale Attacke: «Kommen Sie doch schneller auf den Punkt!»
Deine Antwort: ?

Ich habe natürlich wie immer einen Lösungsvorschlag für dich: «Nein, ich nehme mir jetzt die Zeit, die ich eingeplant habe.» Du lässt dich nicht unter Druck setzen und bestimmst das Tempo.

Das Kompliment (Technik Nr. 6)

Die nächste Technik ist die Komplimente-Technik und wie du dir wahrscheinlich denken kannst, hat sie etwas mit einem Kompliment zu tun. Sie ist sehr überraschend für unseren Angreifer, denn er erwartet eine Rechtfertigung, eine Erklärung, eine Entschuldigung oder einen Gegenangriff. Stattdessen machst du ihm ein Kompliment für seine kritische Bemerkung, womit er überhaupt nicht rechnet. Dieser Überraschungseffekt legt ihn meistens komplett lahm – ähnlich wie bei der überraschenden Zustimmung.

Eine böse Attacke wie «Das war ja völliger Humbug!» rechtfertigst du also nicht, sondern antwortest freundlich: «Das ist super, dass Sie so kritisch sind, Herr Kollege!» Du stimmst ihm also indirekt zu und bringst ihn damit komplett aus dem Konzept. Er kann der Zustimmung nichts entgegenstellen, sonst müsste er sich ja selbst widersprechen.

Zusätzlich hat das Kompliment einen positiven Effekt: Die spannungsgeladene Situation des Angriffs wird durch das Kompliment schnell aufgelöst. Der andere freut sich über dein Lob. Gegen Lob kann sich nämlich auch ein Bösewicht nicht wehren.

Übung zur Komplimente-Technik:

Verbale Attacke: «Sie zitieren an dieser Stelle falsch.»
Deine Antwort: ?

Mein Vorschlag wäre: «Wie schön, dass Sie sich so gut auskennen.» Für diese Technik braucht man natürlich ebenfalls Selbstbewusstsein und ein sicheres Auftreten. Das heißt, das Kompliment sollte wirklich locker von den Lippen kommen. Man darf dir nicht anmerken, dass du erst zu Tode betrübt warst über die Kritik und dich in Wirklichkeit angegriffen gefühlt hast. Es muss nach außen hin gut geschauspielert sein, auch wenn du negative Emotionen verspürst. Eine sehr spannende Technik, die ich selbst gern in der Praxis anwende, weil sie den anschwellenden Konflikt sofort auflöst!

Hinweis und Aufforderung (Technik Nr. 7)

Die nächste Technik besteht immer aus zwei Teilen, einem Hinweis und einer Aufforderung. Stelle dir vor, jemand sagt: «Sie sehen ja schon wieder so müde aus, Herr Kollege.» Darauf könntest du antworten: «Mit Ihnen habe ich keine Lust zu diskutieren (Hinweis). Verschonen Sie mich in Zukunft mit solchen Bemerkungen, bitte! (Aufforderung)».

Das heißt, diese Technik besteht zuerst aus dem Hinweis, was dir nicht gefällt, und zweitens aus der Aufforderung, was der andere in Zukunft tun oder unterlassen sollte. Bei dieser Technik kannst du selbst die Schärfe des Tons bestimmen – je nach Situation. Wenn es ein wichtiger Kunde ist, dann solltest du höflich bleiben. Wenn es ein blöder Kollege ist, mit dem du sich sowieso nicht so gut verstehst, kannst du einen härten Ton anschlagen.

Übung zur Hinweis-Aufforderungs-Technik:

Verbale Attacke: «Also Sie sind für mich wirklich kein interessanter Gesprächspartner.»
Deine Antwort: ?

Mein Vorschlag für dich: «Ich bin überzeugt, dass solche persönlichen Angriffe hier nicht hergehören (Hinweis). Ich bitte Sie, diese zukünftig zu unterlassen. (Aufforderung)»

Wichtig ist, dass du überhaupt irgendetwas antwortest. Es muss nicht die perfekte Antwort sein. Denn die Suche nach ihr blockiert dich. Später bereust du, wie der Ochse vorm Berg gestanden zu haben und kannst schlecht schlafen. Also haue etwas heraus – auch wenn diese Technik eine komplexere ist.

Die Übergehung (Technik Nr. 8)

Wie der Name sagt, übergehst du bei dieser Technik inhaltlich den verbalen Angriff des anderen. Du gehst zwar auf ihn ein, aber nicht inhaltlich, sondern fegst ihn einfach weg. Ein Beispiel: Nehmen wir an, mitten in einem Meeting sagt jemand zu dir: «Das interessiert doch niemanden hier.» Als Antwort übergehst du diesen Angriff geschickt, indem du antwortest: «Vielen Dank für Ihren Beitrag. Wir gehen nun, wie geplant, weiter im Thema x, y und z.»

Du hast diese Aussage zwar aufgenommen, hast dich für die Bemerkung sogar kurz bedankt, aber gleichzeitig machst du mit deinem Plan weiter, womit du indirekt mitteilst, dass sie unbedeutend war.

Die Übergehungstechnik ist sehr praktisch für Kommentare, die unwichtig sind oder wenn jemand einfach nur etwas sagt, um dich zu stören oder indirekt zu beleidigen. Bei direkten Beleidigungen würde ich immer die Notbremse-Technik empfehlen. Sagt jemand jedoch etwas Richtiges, zum Beispiel, dass deine Zahlen nicht stimmen, solltest du anders reagieren und dich inhaltlich mit dem Einwand beschäftigen. Frage dich daher immer: Wie richtig oder relevant ist das Gesagte? Üben wir das gleich einmal.

Übung zur Übergehungstechnik:

Verbale Attacke, in fiesem Ton: «Das war aber komplett überinterpretiert von Ihnen.»
Deine Antwort: ?

War das jetzt eine unspezifische Kritik eines Querulanten oder sachlicher Einwand? Ich plädiere, gerade wegen des fiesen Tons, für ersteres und würde mich kurz bedanken und dann mit meinem Thema fortfahren.

Am besten ist es natürlich, wenn man sich mit dem Zwischenruf oder mit einer Störung inhaltlich und spontan auseinandersetzt. Aber bevor man sich überhaupt stören lässt oder einem keine spontane Antwort einfällt und man aus dem Konzept gerät, eignet sich diese Technik gut, um mit seinem Inhalt weiterzukommen. Denn viele Coaching-Kunden sagen mir, dass sie derart nervös bei Präsentationen sind, dass sie einfach nur fertig werden wollen und gar nicht hinhören können, wenn jemand zwischenruft. Wenn das auf dich zutrifft, ist diese Technik die richtige, andernfalls eignet sich die Widerlegung, die ich dir später vorstelle. Um zu lernen, auf spontane Zwischenrufe und Zwischenfragen professionell zu reagieren, eignet sich übrigens die Debatte als Rhetorik-Übung, zu der ich am Ende des Buches noch komme.

Die Definition (Technik Nr. 9)

Die nächste Technik heißt die Definitions-Technik und sie ist verwandt mit der Rückfragetechnik. Hier fragst du den Angreifer nach der genauen Definition eines Begriffes. Denn häufig stecken in verbalen Attacken komische und schwammige Begriffe wie Zielstrebigkeit, Erfolg, Glück, usw. Hier kannst du anknüpfen und nachhaken. Wenn zum Beispiel jemand zu dir sagt: «Zielstrebigkeit sieht anders aus.» – dann könntest du folgendes antworten: «Was genau meinst du mit *Zielstrebigkeit?*»

Diese Technik verschafft dir Zeit. Und du setzt den anderen unter Druck, da es gar nicht so einfach ist, aus dem Stand ein Wort zu definieren. Außerdem: Seine Definition kannst du dann angreifen und in Frage stellen. Wenn jemand dir sagt, dass das Projekt nicht «erfolgreich» war, meint er wahrscheinlich nur eine Facette des Projektes. Du hast eine andere Interpretation, nämlich, dass das Projekt ziemlich erfolgreich gelaufen ist. Zudem wirkt diese Technik sehr diplomatisch, denn du stellst ja eine sachliche Nachfrage. Ich habe immer großen Spaß, wenn ich Menschen zu einer spontanen Definition ihrer eigenen Begriffe auffordere – und diesen Spaß könntest du mit dieser Technik auch haben.

Übung zur Definitionstechnik:

Verbaler Angriff: «Sie könnten motivierter an die Sache herangehen!»
Deine Antwort:?

Ich hoffe, du hast genug Zeit gehabt, um eine schöne Definitionsfrage zu stellen. Bei diesem Beispiel ist offensichtlich, dass der Begriff «motiviert» ein bisschen schwammig ist. Genau hier hast du hoffentlich angesetzt und so etwas gefragt wie: «Wie definieren Sie eigentlich ‚Motivation'?». Damit forderst du eine spontane geistige Leistung von ihm und schaffst, egal wie er das Wort definiert, eine Angriffsfläche. Auf seine Definition kannst du wunderbar antworten, indem du sagst, dass du Motivation ganz anders definierst.

Die Standard-Antwort (Technik Nr. 10)

Die letzte Technik für Einsteiger befasst sich mit einem Set von Antworten, die auf 99 Prozent der Angriffe passen. Hier drei

Standardsätze, die man fast immer auf eine verbale Attacke antworten kann:

1. «Was soll der blöde Spruch?»
2. «Haben Sie gerade etwas Wichtiges gesagt?»
3. «Gibt's deinen Spruch auch in intelligent?»

Du kannst dir auch andere Standardantworten ausdenken. Oder du lernst einfach diese drei auswendig und hast sie immer in petto, wenn ein blöder Spruch kommt.

Übung zur Standard-Antworten-Technik:

Probiere doch gleich die drei Standardantworten aus – und zwar bei diesen drei verbalen Attacken:

> Angriff Nummer 1: «Du bist sowas von arrogant.»
> Deine Antwort: ?

> Angriff Nummer 2: «Was bist du nur für ein Ketzer?»
> Deine Antwort: ?

> Angriff Nummer 3: «Dein Charakter ist echt schlimm.»
> Deine Antwort: ?

Hast du einen meiner Standardsätze verwendet? Oder dir etwas Eigenes ausgedacht? Hauptsache, du merkst dir mindestens eine Standardantwort.

Nun kennst du die zehn Schlagfertigkeitstechniken für Einsteiger. Im nächsten Abschnitt werden die Techniken ein bisschen schwieriger, machen aber umso mehr Spaß.

10 Schlagfertigkeitstechniken für Fortgeschrittene

Die nachfolgenden Techniken erfordern auf jeden Fall etwas mehr Übung und Fingerspitzengefühl. So ist es zum Beispiel schwer, sich spontan etwas Ironisches einfallen zu lassen. Aber das Schöne an den fortgeschrittenen Techniken ist, dass sie viel wirkungsvoller sind, weil sie sich mehr mit dem Inhalt der Aussage auseinandersetzen, die der andere getätigt hat.

Ironie (Technik Nr. 11)

Die Ironie-Technik ist meine absolute Lieblingstechnik, die ich im Alltag auch am häufigsten anwende. Warum? Weil du mit Ironie die Situation sofort auflockern kannst. Du sagst etwas Witziges und der andere muss schmunzeln oder sogar lachen. Sofort entsteht Sympathie. Vielleicht mochte der andere dich vorher nicht und es war Spannung im Raum, aber dank deiner kreativen und witzigen Antwort muss der andere schmunzeln und kann als Folge nicht mehr böse zu dir sein.

Wie kann so eine ironische Antwort aussehen? Es könnte etwa der Vorwurf von einer Kollegin kommen, dass dein Auto schmutzig ist. Du könntest dich natürlich rechtfertigen und sagen, dass du keine Zeit hattest, in die Waschanlage zu fahren, aber das will doch keiner hören! Antworte mit Ironie und sage: «Du solltest mal meine Wohnung sehen!»

Jeder, der diese Antwort hört, muss sofort schmunzeln! Zum Verständnis: Ironie ist immer eine Übersteigerung oder Übertreibung oder Verkehrung dessen, was gesagt wurde. Diese Technik braucht Übung und Inspiration. Erstere kommt sogleich. Zuvor möchte ich dich aber einladen, dich mit weiteren Beispielen aus dem Alltag inspirieren zu lassen und ein besseres Gefühl zu bekommen, was Ironie im Kontext der Schlagfertigkeit bedeutet und wie du sie anwendest. Zufällig habe ich dazu einen TEDx-Talk gehalten. Hier kannst du ihn sehen:

JETZT SCANNEN!

https://www.youtube.com/watch?v=-CTDp98yM4g

Ich hoffe, dass ich dich ein paar Mal zum Lachen bringen konnte mit meinem Vortrag über die Ironie-Technik. Alle Beispiele waren aus dem echten Leben gegriffen – und wie du siehst kann man zu allem und jedem etwas Ironisches sagen. Doch nun bist du an der Reihe mit einer Übung.

Übung zur Ironie-Technik:

Verbale Attacke: «Also Du bist hier der Klügste, oder was?»
Deine Antwort: ?

Ist es dir gelungen, die Attacke des anderen irgendwie zu übersteigern, so dass du sie ins Witzige bzw. Absurde ziehst? Wie ich vorgehen würde: Offensichtlich macht dir hier jemand den Vorwurf, dass du neunmalklug bist oder extrem arrogant und allwissend. Um diese Aussage zu übersteigern, braucht es natürlich etwas, was dich noch viel schlauer aussehen lässt, als der Eindruck, den der andere bereits von dir hat. Mein Antwort-Vorschlag: «Na klar, schon Einstein hatte Nachhilfe bei mir.» Das ist natürlich eine absolute Übertreibung. Absolut unrealistisch, dass einer der klügsten Köpfe der Welt bei mir Nachhilfe hatte – aber gerade deshalb witzig und wirkungsvoll!

Diese Technik braucht viel Übung. Zu Beginn werden deine Antworten nicht immer einen Lacher bei anderen hervorbringen. Doch mit Übung werden deine Antworten immer witziger. Wer nicht wagt, der nicht gewinnt!

Die Meta-Technik (Technik Nr. 12)

Die nächste Technik heißt Meta-Technik. Meta bedeutet im Altgriechischen unter anderem über. Bei dieser Technik antwortest du also nicht direkt auf die verbale Attacke, sondern begibst dich auf die Meta-Ebene und fragst den anderen, ob ihr so weiter kommunizieren wollt beziehungsweise, warum er so kommuniziert. Du sprichst also abstrakt über die Kommunikationsart und nicht über den Vorwurf an sich.
Beispiel: «Das war aber nicht besonders originell!»
Deine Antwort: ?

Hier mein Antwortvorschlag: «Haben Sie heute auch schon etwas Freundliches gesagt?» Diese Antwort ist deswegen so wirkungsvoll, weil du den anderen dazu bringst, über seine Art zu kommunizieren nachzudenken. Die Technik ist deswegen schwierig, weil du selbst einen Schritt zurückgehen und dich fragen musst: Wie wird hier mit mir kommuniziert. Das ist spontan manchmal gar nicht so leicht, weil wir ja gewohnt sind, auf Vorwürfe mit einer Rechtfertigung zu antworten und uns nicht abstrakte Gedanken über die Kommunikationsweise unseres Gesprächspartners zu machen. Mit anderen Worten: Wir überlegen meist, was wir inhaltlich antworten sollten und folgen dem Prinzip der Aktion und Reaktion. Wir begeben uns nicht auf eine höhere (Meta-)Ebene und analysieren die Situation von oben.

Übung zur Meta-Technik:

Verbale Attacke: «Das ist ja bescheuert von Ihnen.»
Deine Antwort: ?

Gehen wir darauf ein? Bei der Meta-Technik natürlich nicht! Wir machen eine Aussage über die Aussage, wie etwa: «Wollen wir wirklich auf diesem Niveau miteinander kommunizieren?»

Implizit sagst du damit: «Lass uns nicht in persönliche Attacken verfallen, sondern lass uns auf der sachlichen Ebene weiterdiskutieren. Wir können es besser – und sollten es daher auch besser machen.» Das Schwierige ist, aus dem gewöhnlichen Reaktionsmuster herauszutreten und die Lage wie ein neutraler Dritter zu beurteilen.

Die zwei Silben (Technik Nr. 13)

Zwei Silben als Antwort auf eine verbale Attacke? Ja! Aber welche zwei Silben könnten das sein? Wie wäre es mit diesen:

- Ach ja?
- Soso!

- Ach was!
- Na und?

Das heißt, hier kommen keine langen Ausführungen von dir, sondern wirklich nur diese zwei Silben als Antwort auf einen Angriff. Warum diese vermeintlich leichte Technik in Wirklichkeit gar nicht so leicht ist? Ganz einfach: Man braucht schon viel Selbstbewusstsein, um locker-flockig diese zwei Silben auszusprechen und damit in gewisser Weise den anderen zu einer weiteren Aussage zu provozieren.

Verbale Attacke: «Oh, ich glaube, du hast etwas zugenommen.»
Antwort: «Na und?»

Wichtig ist bei dieser Technik natürlich wieder souveräne Körpersprache und Stimme. Beide müssen selbstbewusst und unbeeindruckt herüberkommen und dein ganzer Körper muss zeigen, dass die Aussage des anderen dich nicht im mindesten berührt hat!

Übung zur Zwei-Silben-Technik:

Verbale Attacke: «Du hast aber ziemlich lange gebraucht gestern im Büro.»
Deine Antwort: ?

Auch hier wäre die Antwort «Na und?» möglich – aber mit dem richtigen Tonfall auch die anderen drei Varianten. Tipp: Übe diese Technik ein paar Mal vor dem Spiegel. In deinem Gesicht muss man die gelassene Gleichgültigkeit sehen, sonst funktioniert diese Technik nicht.

Das Gerade-Weil (Technik Nr. 14)

Die nächste Technik heißt Gerade-Weil-Technik. Sie heißt so, weil die Antwort immer mit «Gerade, weil …» beginnt. Was bei dieser Technik wichtig ist: Der Vorwurf, der uns gemacht wird, beinhaltet einen ganz bestimmten negativen Aspekt – und die Technik besteht darin, das Negative in etwas Positives umzudrehen. Hier ein Beispiel:

Verbale Attacke: «Ihre Preise sind doch viel zu hoch!»
Antwort: «Gerade, weil die Preise so hoch sind, können Sie beste Qualität und besten Service erwarten.»

Wir haben die vermeintliche Schwäche der hohen Preise in eine Stärke verwandelt! Es gibt ja die berühmten «zwei Seiten einer Medaille», also die Tatsache, dass alles einen Vor- und Nachteil hat. Genau diese Tatsache können wir uns bei dieser Technik zunutze machen. Die Schwierigkeit ist, dass man die positive Seite innerhalb von drei Sekunden finden muss. Das ist nicht leicht. Doch wer es schafft, wird seinen Gesprächspartner verblüffen können.

Übung zur Gerade-Weil-Technik:

Verbale Attacke: «Das haben Sie aber ziemlich langsam zu Ende gebracht.»
Deine Antwort: ?

Mein Gedankengang wäre hier: Was ist das Positive der (vermeintlich negativen) Langsamkeit? Wenn man langsam arbeitet, dann macht man die Dinge gründlicher und fehlerfreier! Daher wäre eine mögliche Antwort: «Gerade, weil ich das langsam zu Ende gebracht habe, habe ich es auch gründlich und gut gemacht.»

Tipp: Welche Vorwürfe hast du schon oft gehört? Notiere sie dir auf einen Zettel mit einer passenden, positiven Antwort. So bist du gut vorbereitet und musst dir nicht spontan etwas aus den Fingern ziehen. Denn häufig sind Vorwürfe nicht wirklich neu, sondern wiederkehrende Muster. Wenn man diese Muster erst einmal erkannt und aufgeschrieben hat und dazu eine schöne Antwort im Vorfeld vorbereitet, dann ist man ein Meister des Gerade-Weil! Muss ja keiner wissen, dass die Antwort im Vorfeld bereits vorbereitet war.

Die Relativierung (Technik Nr. 15)

Wie der Name es sagt, versucht man bei dieser Technik, eine allgemeine Aussage, die der andere getroffen hat, zu relativieren.

Angriff: «Das war aber eben ziemlich unprofessionell von Ihnen!»
Antwort: «Das ist vielleicht Ihre Sichtweise.»

Wichtig: Betonung bei «Ihre» nicht vergessen. Denn erst durch die Betonung wird diese Relativierung für den anderen klar! Wir sagen damit implizit: Man kann es eben auch anders sehen, daher nehmen wir es locker.

Übung zur Relativierungstechnik:

Verbale Attacke: «Das wird so nie funktionieren.»
Deine Antwort: ?

«Das ist vielleicht die Erfahrung, die Sie gemacht haben» – das wäre meine Antwort. Das Wort «Sie» ist wieder besonders betont, damit der andere auch weiß, dass seine Erfahrung nicht die einzige sein muss. Die Relativierungstechnik macht die Aussage des anderen kleiner und ist auch inhaltlich relativ einfach. Schwierig ist nur, nicht zu vergessen, die Betonung richtig hinzubekommen. Auf die kommt es bei dieser Technik ganz besonders an! Schwierig ist die Technik auch deshalb, weil wir damit dem anderen offen widersprechen – und wie immer braucht es zum direkten Widerspruch einen gewissen Mut.

Die Hilfe-Technik (Technik Nr. 16)

Die nächste Technik klingt nett, aber ist in Wirklichkeit sehr gemein. Warum sie gemein ist, verrate ich gleich. Schauen wir uns erst einmal diese Technik in Aktion an.

Verbale Attacke: «Da hast du aber einen komplett falschen Ansatz gewählt.»
Antwort: «Was würdest du an meiner Stelle tun?»

Statt dich zu rechtfertigen, fragst du den anderen, wie man es besser machen könnte. Gemein daran ist, dass der Angreifer oft nicht nachgedacht hat, wie man etwas besser machen könnte und sich nun damit spontan auseinandersetzen muss. Das wird den meisten Menschen nicht gelingen. In meinen Rhetorik-Seminaren gibt es manchmal Kritiker, denen etwas, was ich vorschlage, nicht gefällt. Dann frage ich nach, was eine bessere Lösung wäre – und zwar ganz freundlich und mit einem Lächeln. In neun von zehn Fällen können sie nicht sagen, was man besser machen könnte. Sie haben einfach nur kritisiert und wollten sich aufspielen. Durch das direkte Nachfragen sind sie sprachlos – und sind dann übrigens im Rest der Veranstaltung viel kooperativer, als vor der verbalen Attacke.

In einem von zehn Fällen hat ein Teilnehmer aber tatsächlich einen konstruktiven Verbesserungsvorschlag. Doch auch das ist super: Denn jetzt konnten alle (mich inklusive) vom Teilnehmer etwas Neues lernen. Die Hilfe-Technik schafft also eine schöne Win-win-Situation für dich.

Übung zur Hilfe-Technik:

Verbale Attacke: «Das wird sicher in die Hose gehen.»
Deine Antwort: ?

Die Zurückweisung (Technik Nr. 17)

Die Zurückweisung ist ein wenig verwandt mit der Verweigerungs-Technik. Sie ist nur zwei Stufen frecher. Es geht um eine ganz klare Zurückweisung der Aussage, ohne große Erklärung oder Rechtfertigung. Stellen wir uns also vor, jemand kommt zu dir und sagt: «Ihr Plan wird ganz sicher nicht aufgehen.»

Deutliche Zurückweisung würde in diesem Fall lauten: «Nein. Sie werden sehen, mein Plan wird aufgehen!» Das heißt, du drehst diese Aussage um, stellst meistens einfach nur ein «Nein» an den Anfang und verzichtest auf irgendeine Erklärung. Das Schwierige ist wieder, dass man durch diese Technik in eine direkte Konfrontation mit dem anderen tritt. Das ist vor allem für harmonie-orientierte und empathische Menschen besonders schwer. Doch führt ein deutliches «Nein» zu großer Klarheit und zeigt dem anderen, wo die Grenzen sind und womit du überhaupt nicht einverstanden bist. Natürlich auch hier an eine selbstbewusste Körpersprache und Stimme denken. Besonders wichtig ist es, beim «Nein» den Blickkontakt zu halten!

Übung zur Zurückweisungstechnik:

Verbale Attacke: «Das war aber unhöflich von Ihnen.»
Deine Antwort: ?

Die Ihr-Problem-Technik (Technik Nr. 18)

Das ist nicht mein Problem, sondern Ihres. Klingt ganz einfach, oder? Aber Vorsicht: Diese Technik darf man natürlich nicht im hierarchischen Verhältnis benutzen, also gegenüber der Führungskraft anbringen. Auch wichtig: Welche Stimmlage und welche Emotion transportierst du? Es gibt einen riesigen Unterschied zwischen der Aussage «Also das ist, glaube ich, eher Ihr Problem» und «Also das ist jetzt wirklich nicht mein Problem!». Zwischen diesen beiden Aussagen liegen Welten und den richtigen Ton in der jeweiligen Situation zu treffen, ist relativ schwierig. Wie wir wissen, macht der Ton die Musik.

Bei der kommenden Übung würde ich ausnahmsweise vorschlagen, dass du dein Smartphone nimmst und deine Stimme aufzeichnest. Wiederhole den Satz so oft, bis du mit deiner Stimmmelodie zufrieden bist. Mit ihr möchtest du ja transportieren, dass das Problem zwar existiert, dich aber nicht betrifft – und das ohne jegliche Aggression. Gar nicht so einfach, oder?

Übung zur Ihr-Problem-Technik:

Attacke: «Das habe ich mir aber ganz anders vorgestellt.»

Hast du deine Antwort aufgezeichnet?

Die Spiegel-Technik (Technik Nr. 19)

Mit der Spiegel-Technik kannst du dem Gegenüber den Spiegel vorhalten und ihm sein Verhalten aufzeigen. Sie ist verwandt mit der Meta-Technik, aber deutlich konkreter und auf einen ganz bestimmten Aspekt gerichtet.

Wenn jemand sehr laut redet, könntest du ihm sein Verhalten mit diesem Satz als Spiegel vorhalten: «Merkst du eigentlich, wie laut du mit mir sprichst?» Oder wenn jemand dich ständig unterbricht, könntest du sagen: «Merkst du eigentlich, dass du mich ständig unterbrichst?»

Das Schöne an dieser Technik ist, dass sie fast immer funktioniert! Denn häufig merken die Menschen gar nicht, dass sie dich unterbrochen haben oder laut waren. Dieser konkrete Verhaltensspiegel hilft ihnen, ihr unbewusstes Verhalten überhaupt erst zu erkennen. So merken notorische Unterbrecher nicht, dass sie notorisch unterbrechen – es ist einfach ihre Gewohnheit und sie machen es bei allen anderen auch. Doch was andere sich gefallen lassen, ist ja ihr Bier. Du und ich wollen nicht ständig unterbrochen werden und wenden daher ab heute die Spiegel-Technik an. Auch diese Technik erfordert Mut zur Kritik und Wahrheit, aber als Preis bekommst du, dass dein Gesprächspartner ein ungewolltes Verhalten abstellt. Nicht schlecht, oder?

Bevor wir zur Übung kommen, noch ein Hinweis: Manchmal müssen wir die Spiegel-Technik wiederholt anwenden. So kann es häufig sein, dass der notorische Unterbrecher die nächsten zehn Minuten daran denkt, dich aussprechen zu lassen, es aber danach vergisst. Da ist es ratsam, die eigene Aussage nochmal, leicht paraphrasiert, zu tätigen: «Wahrscheinlich hat du es gerade nicht gemerkt, aber du hast mich wieder unterbrochen». Meist reicht eine Wiederholung, damit der andere nun während des ganzen Gesprächs darauf achtet, dich ausreden zu lassen. In schwierigen Fällen kannst du natürlich auch das dritte Mal den Spiegel auspacken.

Übung zur Spiegel-Technik:

Folgende Situation: Jemand geht gar nicht auf deine Punkte ein. Das heißt, du sagst etwas, aber er betet einfach seine eigenen Anliegen runter und äußert sich nicht zu dem, was du gesagt hast. Welche Spiegel-Frage könnte man ihm stellen?

Mein Vorschlag: «Merkst du eigentlich, dass du gar nicht auf meine Punkte eingehst?» Das war's. Durch dich als Spiegel sieht er, was er an seiner Kommunikation mit dir verbessern sollte. Wenn du dabei den richtigen Ton anschlägst, wird er das dann auch tun.

Die Vertagung (Technik Nr. 20)

Die Vertagungstechnik ist die Lieblingstechnik von Politikern. Wenn sie die Antwort nicht gleich wissen, dann vertagen sie sie einfach und sagen: «Dazu werde ich mich noch bei anderer Gelegenheit äußern».

Ein Beispiel aus einem Business-Meeting. Jemand sagt: «Das sind doch illegale Methoden, die Sie anwenden!»
Der Vortragende entgegnet dazu ganz entspannt: «Dankeschön. Ich werde später noch darauf eingehen.»

Nach der Vertagungstechnik hat der Vortragende zwei Möglichkeiten. Möglichkeit eins: Durch die Vertagung des Themas gewinnt er Zeit zum Nachdenken und wird seine Position zu dem Zwischenruf ganz am Ende der Präsentation in Ruhe darstellen. Möglichkeit zwei: Der Vortragende fährt wie geplant fort und beendet seine Präsentation, ohne auf den Zwischenruf einzugehen. Mit großer Wahrscheinlichkeit wird sich das Publikum nicht daran erinnern, dass hier eine Antwort vertagt wurde. Um aber komplett sicher zu gehen, dass er darauf nicht antworten muss, wird der Vortragende zum Ende hin etwas hektisch und simuliert einen nächsten Termin, der es ihm zeitlich nicht erlaubt, auf die anfangs gestellte Frage einzugehen. Das braucht natürlich gewisses schauspielerisches Vermögen – aber so schwer ist Eile vortäuschen nun auch wieder nicht.

Übung zur Vertagungstechnik:

Verbale Attacke: «Dieses Projekt wird sich für uns nicht rentieren.»
Deine Antwort: ?
Hast du freundlich für den kritischen Einwurf gedankt und ihn geflissentlich vertagt? Sehr gut, einer politischen Karriere steht aus meiner Sicht jetzt nichts mehr entgegen!

10 Schlagfertigkeitstechniken für Profis

Für die Profi-Schlagfertigkeitstechniken brauchst du zwei Dinge: Viel Selbstbewusstsein und inhaltliche Sattelfestigkeit! Das heißt, du musst dich extrem gut mit einem Thema auskennen und überhaupt keine Angst vor der Reaktion des anderen haben. Fangen wir gleich mit einer Technik an, die dir sehr viel Selbstbewusstsein abverlangt.

Die Schweige-Technik (Technik Nr. 21)

Die erste Profi-Technik ist die Schweige-Technik – der Name verrät bereits, was du bei dieser Technik auf eine verbale Attacke entgegnen sollst: nichts. Wie sagt doch der Volksmund so schön: Reden ist Silber, Schweigen ist Gold. Vielleicht ist es etwas überraschend, doch Schlagfertigkeit bedeutet nicht unbedingt eine verbale schlagfertige Antwort parat zu haben, sondern auch einmal zu schweigen – und damit eine nonverbale Botschaft zu senden, insbesondere durch deinen Blick und deine Körperhaltung.

Die Schweige-Technik gibt es in einer weichen und in einer harten Variante. Die weiche Variante funktioniert so, dass du auf eine verbale Attacke nichts sagst, sondern den Angreifer ruhig anschaust und nach zwei, drei Sekunden weitermachst mit dem, was du vorher gemacht hast. Bei der harten Variante behältst du den Blickkontakt so lange bei, bis entweder der andere etwas sagt oder sich davonschleicht. Mit der harten Variante provozierst du den anderen und schüttest damit natürlich Öl ins Feuer. Im Normalfall wird der andere sich über den starren Blick wundern und versuchen, sich für seine verbale Entgleisung zu rechtfertigen.

Übung zur Schweige-Technik:

Verbale Attacke: «Du bist dumm wie Stroh.»

Deine Aufgabe wäre es nun, nicht zu antworten, sondern einen konstanten Blick zu trainieren. Idealerweise filmst du deinen Schweige-Blick mit deinem Smartphone und kannst auf diese Weise einschätzen: Schaust du zu böse? Zu nett? Der effektive Schweige-Blick will geübt sein!

Die Widerlegung (Technik Nr. 22)

Die Widerlegungstechnik besteht darin, dass du nicht kurz und bündig auf eine verbale Attacke reagierst, sondern sie langsam und genüsslich inhaltlich (vor allem argumentativ) auseinandernimmst. Du kannst die Aussage des anderen nur widerlegen, wenn du inhaltlich besser informiert bist als dein Gegenüber! Doch schließlich sind wir hier bei den Profi-Techniken, also müssen wir eine gewisse Professionalität unterstellen. Hier ein Beispiel aus einem Meeting.

Verbale Attacke (mit aggressivem Unterton): «Ihre Zahlen sind nicht aktuell, es gibt doch neuere!»
Antwort: «Sie irren sich. Das sind die aktuellsten Zahlen. Falls Sie andeuten, dass es sich bei den Zahlen vom April um die neuesten validen Zahlen handelt, so sind es nur spekulative Prognosen von Uninformierten wie X, Y und Z. Die Zahlen, die ich verwende, entstammen dagegen aus verlässlichen und geprüften Quellen A und B.»

Um jemanden spontan widerlegen zu können, musst du natürlich unglaublich gut informiert sein. Bei dieser Technik geht es also darum, eine längere Erklärung abzugeben, die die vorgebrachte Kritik komplett entwaffnet. Doch wenn du diese Technik einmal zum Einsatz bringst, wird sie einen nachhaltigen Effekt haben: Der andere wird feststellen, wie fit du inhaltlich bist und sich beim nächsten Mal sehr gut überlegen, ob er dich während deiner Präsentation wieder verbal attackiert.

Übung zur Widerlegungstechnik:

Verbale Attacke: «Also in Ihrer Präsentation benutzen Sie doch absolut unglaubwürdige Quellen.»
Deine Antwort: ? (denke dabei an deine letzte Präsentation, die du gehalten hast)

Natürlich reicht es nicht, zu sagen: «Doch, das sind glaubwürdige Quellen», sondern hier musst du genau erläutern, warum deine Quellen die besten sind, die gerade auf dem Markt zu diesem Thema zur Verfügung stehen. Die Widerlegung besteht mindestens aus drei erklärenden Sätzen und versucht, dem anderen (und natürlich auch allen anderen Anwesenden) zu erläutern, warum der verbale Angriff im Einzelnen falsch ist.

Die Abwägung (Technik Nr. 23)

Die nächste Technik ist die Abwägungs-Technik. Sie ist verwandt mit der gerade beschriebenen Widerlegung, denn auch hier musst du den Inhalt sehr gut beherrschen. Diesmal ist der vorgebrachte Einwand sogar inhaltlich richtig, aber die hohe Kunst ist es, den Einwand mit einem anderen Aspekt richtig abzuwägen und zu zeigen, dass dein Aspekt gewichtiger ist als der aus dem Zwischenruf.

Ein Beispiel: Der Vorwurf, das Projekt sei nicht rentabel, steht im Raum. Angenommen, das stimmt, aber nur auf einer ganz bestimmten Ebene (zum Beispiel, weil das Projekt nur kurzfristig rote Zahlen schreiben wird). Mögliche Antwort: «Das Projekt wird sich kurzfristig tatsächlich nicht rentieren, weil wir nämlich dadurch XYZ Euro verlieren. Aber meinen Berechnungen zufolge werden wir im vierten Monat schwarze Zahlen schreiben und langfristig sehr profitabel werden. Die Grundlage meiner Berechnung sehen Sie hier…»

Der Kritiker hat also durchaus Recht – aber nur auf kurzfristige Sicht. Langfristig hast du das bessere Argument. Dieses musst du richtig abwägen und darlegen. Die Abwägung in nur drei Sekunden hinzubekommen, ist alles andere als einfach. Dafür umso eindrucksvoller, wenn es gelingt! Wie bei der Widerlegung kannst du auch bei dieser Technik eine schöne, lange, inhaltlich ausgeklügelte Antwort geben.

Übung zur Abwägungstechnik:

Machen wir ein kleines Gedankenexperiment: Stelle dir vor, du planst ein neues Projekt und der Kollege, der dich angreift, schimpft unerwartet und vor versammelter Mannschaft: «Durch dieses neue Projekt werden wir aber sowas von viele Kunden/Leser/Interessenten verlieren; das sollten wir sofort einstampfen!»

Falls du keine Projekte planst, kannst du dir auch eine Idee von dir vorstellen, die mit ähnlichen Worten von einem «netten» Kollegen in Grund und Boden geredet wird. Jetzt bist du dran! Wie fällt deine Abwägung aus? Nimm dir ruhig ein paar Minuten Zeit, um einerseits dem Kollegen auf einer Ebene Recht zu geben, dann aber sogleich auf einer anderen Ebene gewichtige Gründe für deine Position zu geben und im dritten Schritt, also in der Abwägung im engeren Sinn, zu zeigen, dass deine Argumentationsebene relevanter ist. Ich bin gespannt, ob es dir gelingt!

Die Zitate-Technik (Technik Nr. 24)

Bei der Zitate-Technik antwortest du auf eine verbale Attacke mit einem bekannten Sprichwort oder Zitat. Diese Technik ist schwer, weil viele Menschen nicht so viele Zitate kennen. Wer keine Zitate kennt, kann auch keine Zitate-Technik anwenden – so einfach ist es. Ich beispielsweise habe auf meinem PC eine Datenbank, wo ich immer wieder neue Zitate hineinkopiere und sie auswendig lerne, damit ich für viele Situationen ein passendes Zitat habe.

Im Grunde kannst auch du Zitate sammeln, indem du sie aus (digitalen) Artikeln in eine Excel- oder Word-Datei hineinkopierst. Um gleich etwas Struktur in deine Zitate-Liste zu bringen, könntest du Oberkategorien wie Politik / Wirtschaft / Kultur / etc. anlegen, um so schneller zum passenden Zitat zu kommen.

Aber wie funktioniert die Zitate-Technik eigentlich in der Praxis? Zwei Beispiele:

Verbale Attacke: «Sie sind ja immer noch im Büro!»
Antwort: «Von nichts kommt nichts.» (oder noch besser in Latein: «de nihilo nihil»)

Verbale Attacke: «Sie sind ja wieder so unentschieden, Herr Müller.»
Antwort: «Zwei Seelen wohnen, ach, in meiner Brust!»

Es ist genugtuend, wie dein Gegenüber angesichts eines klugen Zitats überrascht schaut. Warum also nicht gleich eine Excel- oder Word-Datei auf deinem Desktop anlegen, in die du ab heute Zitate hineinschreibst? Ein paar schöne Zitate von großen Denkern findest du ja auch in diesem Buch. Es ist zwar aufwendig, aber wer mit Esprit und nicht mit der einfachen Rückfrage-Technik antworten will, muss eben etwas mehr investieren.

Übung zur Zitate-Technik:

Angriff: «Ziele, Ziele. Sie sprechen immer nur über Ziele, aber nicht über konkrete Methoden, wie wir diese Ziele erreichen!»
Deine Antwort: ?

Wenn du keine Antwort parat hast, liegt es wahrscheinlich daran, dass du wenige Zitate kennst. Doch jetzt weißt du ja, was du dagegen tun kannst.

Die Nonsense-Technik (Technik Nr. 25)

Mit der Nonsense-Technik (*nonsense* = Unsinn, engl.) überraschst du dein Gegenüber mit einer komplett sinnfreien Aussage, die überhaupt nicht zum Angriff passt – und zwar so sehr, dass es den Angreifer aus dem Konzept bringt und sprachlos macht.

Verbale Attacke: «Sie haben sich absolut geirrt.»
Antwort: «Diese Aussage widerspricht der metaphysischen Konkordanz.»

Die zwei Wörter «metaphysische Konkordanz» ergeben in dieser Kombination überhaupt gar keinen Sinn, aber sie klingen wichtig und werden dein Gegenüber komplett verwirren. Um es dir mit dieser Technik einfacher zu machen, solltest du dir bereits im Vorfeld ein paar sinnfreie Aussagen bereitlegen. Denn spontan fallen einem meist keine guten ein. Damit kannst du den Schockmoment richtig auskosten und wenn dein Gegenüber nach der Bedeutung fragt, kannst du lässig hinzufügen: «Schlag das mal nach.»

Übung zur Nonsense-Technik:

Verbale Attacke: «Sind Sie beschränkt?»
Deine (sinnfreie) Antwort: ?

Ist dir etwas Unsinniges eingefallen? Wie «Puh, da müsste man im Bundestag anrufen.» Eine komische, unsinnige Antwort verunsichert den Fragenden und danach kommt auch meist nichts mehr. Diese Technik macht natürlich Spaß – das Gesicht des Gegenübers schlicht unbezahlbar! Daher: Überlege dir vorab zwei bis drei Nonsense-Sätze – und gern kannst du auch meine «metaphysische Konkordanz» verwenden, denn sie ist wirklich bloß wohlklingender Unsinn.

Die Uminterpretier-Technik (Technik Nr. 26)

Die nächste Technik ist verwandt mit der Gerade-Weil-Technik. Auch bei dieser Technik geht es darum, dass der Vorwurf immer einen negativen Kern enthält, man diesen aber nicht ernst nimmt, sondern ihn umdreht und in etwas Positives verwandelt. Der Unterschied besteht darin, dass man beim Gerade-Weil den angegriffenen Punkt als größten Vorteil herausstellt, während es bei der Uminterpretier-Technik bloß darum geht, eine andere Sichtweise aufzuzeigen.

Ein Beispiel: Ein Kollege macht eine gehässige Bemerkung, weil du etwas früher nach Hause gehen möchtest: «Ah, Herr Müller, Sie wollen schon wieder ziemlich früh nach Hause!» Hier geht es darum, dieser Aussage etwas Positives abzugewinnen. Etwa: «Ich habe effizient gearbeitet, deshalb gehe ich früher.» Die Uminterpretier-Technik funktioniert immer nach demselben Muster:

«Wenn du damit meinst, dass ich [...], dann hast du völlig Recht.»

In unserem Beispiel könnten wir also sagen: «Wenn Sie damit meinen, dass ich effizient arbeite, dann haben Sie völlig Recht.» Sie ist keinesfalls einfach, weil man in Sekundenschnelle den positiven Kern der Aussage finden und ihn in eine schlagfertige Antwort umwandeln muss.

Übung zur Uminterpretier-Technik:

Verbale Attacke: «Ah, Herr Müller, Sie gehen ja wieder mal Punkt 18 Uhr, wie im Arbeitsvertrag festgelegt!»
Deine Antwort: ?

Hier eine Lösungsmöglichkeit von mir: «Wenn Sie damit meinen, dass ich meine Arbeit für den Tag perfekt einteilen kann, dann haben Sie völlig Recht.»
Hier noch eine letzte Verbale Attacke: «Ah, Herr Müller, Sie sind ja gestern ziemlich spät nach Hause gegangen!»
Deine Antwort: ?

Die Ich-Botschaft (Technik Nr. 27)

Wer sich mit Psychologie beschäftigt, kennt die sogenannten Ich-Botschaften. Ich-Botschaften sind Aussagen, die über mein Selbst getroffen werden, zum Beispiel wie ich mich gerade fühle, was ich empfinde, wie etwas auf mich wirkt und so weiter. Diese Ich-Botschaften haben den Vorteil, dass sie nicht angreifbar sind. Denn niemand kann anzweifeln, wie ich mich gerade fühle. Das Schwierige an den Ich-Botschaften ist, dass man mutig genug sein muss, seine Gefühle und Empfindungen aussprechen zu können. Das fällt vielen gerade im Berufsleben sehr schwer.

Viele fühlen sich nach einer Bemerkung des Kunden oder der Führungskraft schlecht, aber wagen es nicht, die eigenen Gefühle offen zu teilen. Viele fühlen sich etwa in unserem schnelllebigen Alltag unter Druck gesetzt, aber sagen das nicht. Ich gebe dir ein einfaches Beispiel. Wenn jemand sagt: «Machen Sie das Projekt XY mal schneller zu Ende!», dann wäre eine mögliche Ich-Botschaft: «Ich fühle mich von Ihnen unter Druck gesetzt.» Diese Aussage dann einfach stehen lassen und warten, wie der andere darauf reagiert. Wenn der andere ein Quäntchen Empathie hat, dann wird er seine Aussage zurückziehen oder relativieren – im besten Fall sich dafür entschuldigen. Wenn der andere null Empathie zeigt, dann dürfen wir uns fragen, ob wir mit so einem Menschen überhaupt weiterarbeiten sollten. Hier ein weiteres Beispiel:

Chefin: «Das ist ja skandalös!»
Mitarbeiterin: «Ich bin enttäuscht, dass Sie das so drastisch formuliert haben.»

In beiden Beispielen siehst du, dass der Angegriffene offen darüber spricht, wie es ihm gerade gefühlsmäßig geht. Keiner kann das anzweifeln. Diese Technik eignet sich für Mutige, aber sie kann in manchen Situationen mehr als angebracht sein. Falls du diese Technik interessant findest bzw. deine Fähigkeit weiterentwickeln möchtest, über deine Emotionen und Bedürfnisse offen zu sprechen, dann empfehle ich dir das geniale Buch von Marshall Rosenberg: Gewaltfreie Kommunikation. Es ist eines meiner 20 liebsten Kommunikationsbücher aller Zeiten und mit vielen verständlichen Beispielen angereichert. Eine kurze Zusammenfassung des Buches findest du in meiner Podcast-Folge hier:

JETZT SCANNEN!

https://argumentorik.podbean.com/e/55-gewaltfreie-kommunikation/

Übung zur Ich-Botschaften-Technik:

Verbale Attacke: «So bescheuert wie Sie sich anstellen, wird das nix mit einer Einigung heute!»
Deine Antwort: ?

Wie wäre es mit: «Dass Sie mein Vorgehen als bescheuert bezeichnen, hat mich sehr verletzt. Ich würde mich dennoch freuen, wenn wir zu einer gemeinsamen Lösung finden würden.»

Wichtig bei dieser Technik ist, dem anderen keine Vorwürfe in Form einer Du-Botschaft zu machen, sondern immer bei Ich-Botschaften zu bleiben.

Die Diplomaten-Technik (Technik Nr. 28)

Die nächste Technik heißt Diplomaten-Technik, weil Diplomaten die besondere Fähigkeit besitzen, Dinge, die eigentlich ziemlich schlimm sind, in so weiche Wörter zu packen, dass man kaum merkt, dass die Situation ausweglos ist. Mit anderen Worten: Diplomaten entgiften eine sehr heikle Situation durch schöne Wörter. Anstatt zu sagen: «Die Lage in Syrien ist katastrophal, das darf so nicht weitergehen!», sagen Diplomaten so etwas wie: «Wir sind sehr besorgt um die Lage in Syrien.» Sie spülen die Situation weich, was eine Diskussion zwischen den Kriegsparteien leichter macht, da keine schweren Verfehlungen angesprochen werden. Anderes Beispiel:

Verbale Attacke: «Du wirst doch immer am Fließband arbeiten.»

Diplomatische Antwort: «Wie ich sehen kann, bist du also etwas besorgt um meine Aufstiegschancen.»

Übung zur Diplomaten-Technik:

Verbale Attacke: «Das ist doch alles Blödsinn!»
Deine Antwort: ?

Ist dir das diplomatische Entgiften gelungen? Wie wäre es mit: «Ah, Sie sind also mit meinen Ausführungen nicht ganz zufrieden?»

Bei dieser Technik geht es also darum, harte Vorwürfe weich umzuformulieren. Der Gehalt der Aussage bleibt aber für den anderen erkennbar und dadurch wird eine weitere Diskussion in der Sache dennoch möglich – und das ohne Hass. Übrigens gibt es in diesem Zusammenhang einen ganz grundsätzlichen Kommunikationstipp, der jenseits der verbalen Attacken für jedes Gespräch gilt: hart in der Sache, weich zur Person. Schau dir gern dazu mein Video auf YouTube an:

JETZT SCANNEN!

https://www.youtube.com/watch?v=5WHlIEVOAfs

Die Lieber-als-Technik (Technik Nr. 29)

Die nächste Technik ist verwandt mit der Abwägungstechnik, nur ist sie weniger argumentativ, dafür aber frech. Ein Beispiel:

Verbale Attacke: «Du hast aber blöde Klamotten an heute.»
Antwort: «Lieber blöde Klamotten als blöde Bemerkungen.»

Diese Technik ist natürlich deswegen so schwierig, weil einem innerhalb von drei Sekunden einfallen muss, was einem lieber ist als das andere. Üben wir sie gleich einmal.

Übung zur Lieber-als-Technik:

Verbale Attacke: «Du bist ja geizig.»
Deine Antwort: ?

Ich empfehle: «Lieber geizig als pleite.» Zumindest hat diese Technik sprachlich immer dieselbe Struktur: Lieber X als Y. Der beste Weg, sie zu üben, ist, sich auf diese Technik ausschließlich bei verbalen Attacken zu fokussieren – und zwar gern auch mal bei blöden oder provokanten Kommentaren im Freundeskreis.

Die Klartext-Technik (Technik Nr. 30)

Mit der Klartext-Technik legst du etwas offen, was in der Aussage des anderen subtil versteckt werden sollte. Gerade im Berufsleben sind die verbalen Attacken nicht plump oder direkte Beleidigungen. Man sieht meist erst auf den zweiten Blick, worin der eigentliche Vorwurf besteht. Die Klartext-Technik offenbart die subtile Attacke.

Nehmen wir mal an, der Kollege kommt ins Büro und sagt: «Sie waren ja schon wieder auf einer Fortbildung, Frau Müller!»

Jetzt sollten wir kurz überlegen. Was will der Kollege uns damit indirekt sagen? Wahrscheinlich, dass wir zu häufig auf Fortbildungen sind. Dabei sind Fortbildungen ja eine schöne Sache – und es ist durchaus wahrscheinlich, dass der Kollege selbst mal gern eine Fortbildung machen würde. Aus diesen Gedanken können wir die folgende Antwort herausdestillieren: «Ah, Sie wollen mir eigentlich sagen, dass Sie selber gerne an einer Fortbildung teilnehmen möchten und, dass Sie ein bisschen neidisch auf mich sind?»

Mit dieser Antwort hast du den Angreifer bloßgestellt und seinen versteckten Wunsch offengelegt. Auch diese Technik erfordert natürlich viel Mut. Doch sprachlich folgt sie einem immer gleichen Muster und startet mit den Worten: Ah, Sie wollen mir eigentlich sagen, dass…

Übung zur Klartext-Technik:

Verbale Attacke: «Warum schreiben Sie nicht mit?»
Deine Antwort: ?

Wie wäre es mit folgendem Klartext: «Ah, Sie wollen mir eigentlich sagen, dass ich zu blöd bin, mir die Dinge zu merken?» Auch hier decken wir also die versteckte Botschaft auf, dass der andere denkt, wir müssten unbedingt mitschreiben, da wir sonst seine Punkte vergessen. Deine zugegeben schwierige Aufgabe ist es, den subtilen Angriff innerhalb von drei Sekunden zu entdecken und zu versprachlichen.

Kleines Fazit

Das waren sie also, die 30 besten Schlagfertigkeitstechniken für Beruf und Alltag. Übrigens ist das häufigste Feedback meiner Seminarteilnehmer, dass ihnen nicht alle 30 Techniken gleich gut gefallen, sondern dass sie bestimmte Lieblinge haben. So ist es auch bei mir. Es geht jetzt darum, deine drei bis vier Lieblingstechniken zu identifizieren, dich auf sie zu fokussieren und zu beschließen, genau diese Techniken im Alltag zu üben. Jetzt folgen noch drei der häufigsten Fragen, die mir Seminarteilnehmer (fast in jedem Seminar) stellen.

Frage 1: Wie lange dauert es, bis ich richtig schlagfertig werde?

Auf diese Frage gibt es gleich drei Antworten:

1. Hinsichtlich der einfachen Techniken, also den ersten zehn Techniken für Einsteiger, kannst du bereits in ein paar Wochen schlagfertig sein. Die Rückfragetechnik zum Beispiel lässt sich innerhalb eines Tages beherrschen.

2. Was die anderen Techniken angeht, kommt es tatsächlich darauf an, wie häufig du übst und wie häufig du jede einzelne Technik versuchst, im Alltag anzuwenden. Die Ironie-Technik braucht mitunter Monate bis Jahre, aber wenn man fleißig trainiert, beherrscht man irgendwann auch die Ironie.

3. Schlagfertigkeit ist auch Ansichtssache. Dem einen gefällt eine Antwort, dem anderen gefällt eine Antwort nicht. Doch sobald du nicht sprachlos bist und zumindest etwas auf einen verbalen Angriff antwortest (egal mit wel cher Technik), kannst du als schlagfertig gelten.

Frage 2: Hast du als Trainer immer eine schlagfertige Antwort parat?

Die ehrliche Antwort ist: nein. Das wäre schön, wenn ich immer eine extrem schlagfertige Antwort parat hätte. Obwohl ich diese 30 Techniken seit über zehn Jahren unterrichte, gibt es immer wieder kleine Situationen im Seminar oder Berufsalltag, wo mir nicht die perfekte Antwort einfällt, die ideal zur verbalen Attacke gepasst hätte. Was man aber immer machen kann, egal ob man Einsteiger oder Profi ist: Man kann immer zu den Anfangstechniken zurückkommen, also zu der Notbremse-Technik, der Rückfragetechnik oder der Spiegel-Technik. Diese sind einfach umzusetzen und immer besser als Sprachlosigkeit.

Ich nehme mir drei Sekunden Zeit, um eine gute Antwort zu finden. Wenn ich sie aber dann nicht habe, dann besinne ich mich auf die Grundtechniken zurück. Falls der Kopf wirklich mal leer ist, dann nehme ich einfach die Rückfragetechnik und habe so immer eine Antwort parat. Die Rückfrage ist nicht immer witzig, doch während der andere meine Rückfrage beantwortet, habe ich ja wiederum Zeit, mir eine hochwertigere Antwort auszudenken. Das ist sicher auch was für dich!

Frage 3: Wie kann ich Schlagfertigkeit intensiv üben?

Eine intensive Übung, die ich in meinen Seminaren sehr gerne mache, ist der «heiße Stuhl». Wie du sie selber umsetzen kannst? Ganz einfach: Du lädst einen Freund ein und ihr setzt euch gegenüber auf zwei Stühle. Er soll dich drei Minuten mit möglichst vielen, gemeinen verbalen Attacken bewerfen. Idealerweise hat er sich im Vorfeld Notizen gemacht und lässt in diesem dreiminütigen Gespräch alle 30 Sekunden einen verbalen Angriff auf dich los, auf den du schlagfertig reagieren musst.

Du wirst sehen: Wenn du die drei Minuten überstanden und ein paar gute Antworten gegeben hast, wirst du dich viel besser fühlen! Auf einige Attacken wirst du vielleicht auch keine Antwort haben – doch genau dann nutzt du die Rückfragetechnik und bringst deinen Freund selbst in Bedrängnis! Wenn du diese Übung wiederholst, wirst du geübter darin, auf verbale Attacken zu antworten. Bei den Seminaren spiele ich übrigens den bösen Gegenpart. Jetzt weißt du vielleicht, warum mir das Thema Schlagfertigkeit so viel Spaß macht…

Bonus:
Mein Schlagfertigkeitsservice für dich

Manchmal gibt es so ungewöhnliche Attacken, dass dir gar keine gute Antwort darauf einfällt. Als Dankeschön dafür, dass du dieses Buch bis hierhin gelesen hast, habe ich einen kleinen Schlagfertigkeits-Service für dich: Sende mir eine schwierige verbale Attacke per E-Mail an wlad@argumentorik.com – und du erhältst von mir persönlich eine schöne, schlagfertige Antwort.

wlad@argumentorik.com

DIE DREI BESTEN RHETORIK-ÜBUNGEN DER GESCHICHTE:

Wöchentliche Übungen als Ziel

Ich möchte dich am Ende dieses Buches dazu motivieren, jede Woche eine halbe Stunde Zeit in die nachfolgenden Übungen zu investieren. Um diese neue Gewohnheit zu etablieren, ist es ratsam, dass du dir dafür als erstes einen genauen Zeitpunkt in der Woche auswählst, zum Beispiel jeden Mittwochabend um 19 Uhr. So war es bei mir auch: Jeden Mittwochabend hat sich unser Debattierclub zusammengefunden – und wir waren alle mehr oder weniger regelmäßig vor Ort. Diejenigen, die regelmäßig dabei waren, wurden besser und gewannen Rhetorikwettbewerbe. Diejenigen, welche nur hin und wieder vorbeikamen, blieben auf demselben Stand. Es ist etwa so, als würde man hin und wieder, alle vier Wochen, joggen: man wird nicht wirklich besser. Deswegen ist aus meiner eigenen Erfahrung einmal Training pro Woche das Minimum. Wen der Ehrgeiz nach diesem Buch gepackt hat, der kann sich natürlich gleich zwei bis vier Trainingszeiten fest in jeder Woche einplanen.

Wie auch beim Sport, gibt es Übungen mit unterschiedlichen Schwierigkeitsgraden. Zum Aufwärmen gibt es das «Progymnasmaton» (kleine Rede von 1-2 min). Wenn man dann warm ist, wird es Zeit für die «Deklamation» (mittlere Rede von 5-15 min). Die Königsform der Rhetorik ist die «Debatte», welche je nach Teilnehmerzahl und Modus über eine Stunde dauern kann. Sie ist im 19. Jahrhundert als Redeübung hinzugekommen und ist deswegen am schwierigsten, weil wir beim Debattieren auch auf Argumente der Gegenseite eingehen und diese spontan entkräften müssen.
Doch fangen wir mit den Aufwärmübungen an.

Übungstyp 1: Progymnasmata

«Progymnasmata» sind kleine sportliche Vorübungen. Diese gibt es in unterschiedlichen Formen: Kleine Lobesreden, kleine Reden des Tadels, kleine Ereignisbeschreibungen, kleine Nacherzählungen und kleine Interpretationen.

Die Progymnasmaton Nr. 1

Als erstes möchte ich, dass du eine Lobesrede von ein bis zwei Minuten hältst. Du kannst die Zeit mit deinem Smartphone stoppen. Entweder du sprichst dabei aus dem Stegreif oder du notierst dir auf einem Blatt Papier wichtige Punkte als Vorbereitung. Versuche in dieser Übung, die besten Eigenschaften oder Errungenschaften einer Person herauszuarbeiten.

Meine Themenvorschläge: Drei Lobesreden – eine an Steve Jobs, eine an Mark Zuckerberg und eine an deine Mutter. Versuche, sachlich die Vorzüge dieser Personen herauszustellen, aber zugleich sehr emotional zu sprechen.

Progymnasmaton Nr. 2

In der zweiten Übung geht es um die Rede, in der du einen Menschen tadeln sollst. Sei ein scharfer Kritiker, wie ein Staatsanwalt. Bleibe sachlich, konzentriere dich auf die Fakten – doch auch hier dürfen Emotionen nicht fehlen. Natürlich kannst du dich vorab über die Person im Internet informieren, um besser vorbereitet zu sein. Schwieriger ist (wie immer) die Stegreifrede.

Meine Vorschläge: Donald Trump, Angela Merkel oder deine Mutter.

Progymnasmaton Nr. 3

Die dritte klassische Vorübung ist die Nacherzählung. Bei der Nacherzählung geht es darum, eine bestimmte Geschichte, die bereits existiert, möglichst gut und spannend mit eigenen Worten nachzuerzählen.

Themenvorschlag: Erzähle mir etwas über deinen Lieblingsfilm, dein Lieblingsbuch und deinen Lieblingsurlaub. Versuche, ein bisschen Spannung aufzubauen, kleine Pausen zu machen, mit deiner Stimme zu arbeiten, lauter, leiser zu werden, vielleicht auch mit deiner Körpersprache zu spielen. Hier kannst du auch ein Video aufzeichnen, um deine Mimik und Gestik besser im Blick zu behalten. Die Nacherzählung kann gerne zwei bis fünf Minuten dauern.

Progymnasmaton Nr. 4

Die vierte rhetorische Vorübung heißt Ereignisrede. Hier geht es darum, über ein ganz konkretes Ereignis zu sprechen. An dieser Stelle gebe ich dir keine Beispiele, sondern du suchst dir einfach selbst ein politisches, privates oder wirtschaftliches Ereignis aus, was für dich eine große Bedeutung gespielt hat. Auch hier bitte Hintergründe erzählen und Spannung aufbauen.

Progymnasmaton Nr. 5

Nun die letzte Vorübung: die Interpretation. Hier geht es darum, einen bestimmten Text oder Textabschnitt zu interpretieren. Das kann ein Zitat aus einem Buch sein oder ein Blogartikel. Was wollte der Autor mit seinem Text sagen und wo hat er vielleicht Unrecht? Hier zwei Zitate, die ich dir als Vorschläge für die Interpretationsübung geben möchte:

1. Der Mensch in seinem dunklen Drange ist sich des rechten Weges wohl bewusst. (aus Goethes «Faust»)
2. Freiheit ist immer die Freiheit der Andersdenkenden. (Rosa Luxemburg)

Übungstyp 2: Deklamationen

Deklamationen sind längere, meist gut vorbereitete Reden. Es gab in der Antike zwei Unterarten von der Deklamation: die Controversia und die Suasorie. Sie umfassten längere politische oder juristische Reden. Bei der Controversia übte man, aktuell diskutierte politische Fragestellungen in einer Rede schön zu verpacken, bei der Suasorie sprach man wie ein Anwalt in einem denkbaren juristischen Fall über Recht und Unrecht.

Da du wahrscheinlich nicht Jura studierst, bleiben wir gern bei einer politischen Rede. Nimm als Grundlage ein für dich spannendes aktuelles Gesellschaftsthema. Sprich am besten fünf bis zehn Minuten darüber und nimm dir vorab 15 bis 30 Minuten Zeit zur Vorbereitung. Recherchiere zu dem Thema im Internet, strukturiere die wichtigsten Punkte auf einem Blatt Papier und gern kannst du die Deklamation mit Zettel halten. Die Fortgeschrittenen versuchen dann, eine zehnminütige Rede frei zu halten.

Deklamation Nr. 1

Themenvorschlag für deine erste Deklamation: Sexualisierte Werbung sollte in Deutschland komplett verboten sein.

Kleiner Tipp: Es ist immer gut, am Anfang die Begriffe zu definieren und klarzustellen, warum der aktuelle Ist-Zustand überhaupt verbessert werden soll. Bei deiner Redestruktur kannst du bei Deklamationen gern das BBB-Schema oder das TBNS-Schema als Grundlage nehmen.

Deklamation Nr. 2

Das zweite Thema lautet: In Deutschland sollte es ein allgemeines Burka-Verbot geben. Das heißt, eine Frau, die in der Stadt eine Burka trägt, wird von der Polizei aufgefordert, diese abzulegen und bei Zuwiderhandlung ein Bußgeld zu bezahlen.

Kleiner Tipp: Hier geht es im Kern um Religionsfreiheit und Toleranz. Recherchiere gern die beiden Begriffe und stelle klar, inwieweit beide Konzepte hier eine Rolle spielen und warum das Verbot notwendig ist.

Deklamation Nr. 3

Hier ist das Thema: Warum ist es unmoralisch, im 21. Jahrhundert Kinder zu bekommen? Ein ungewöhnliches Thema, wofür es dennoch nach einer Recherche gute Argumente gibt.

Kleiner Tipp: Hier könnte man unterschiedliche Ansätze wählen, wie das Leid in der Welt oder die Verschmutzung der Erde. Bei diesem Thema ist es natürlich auch wichtig, herauszuarbeiten, was «unmoralisch» bedeutet.

Controversia

Diese Unterart der Deklamation ist nicht nur etwas für Juristen. Juristische Themen können für jeden spannend und herausfordernd sein.

Hier ein Themenvorschlag: Sollte jemand, der bei einem Raub eine Waffe trägt, diese Waffe aber nicht nutzt, härter bestraft werden, als jemand, der einen Raub begeht, dabei aber keine Waffe trägt? Nur keine Angst vor juristischen Themen! Zur Not hilft auch hier Google.

Übungstyp 3: Debatten

Häufig fragen mich Seminarteilnehmer, was der Unterschied zwischen einer Debatte und einer Diskussion ist. Die Antwort ist kurz und klar: Bei einer Debatte gibt es feste Regeln zur Redezeit und Redereihenfolge. In einer Polit-Talkshow dagegen, welche eine Diskussion darstellt, kann dagegen jeder Teilnehmer jederzeit etwas anbringen und auch eine exakte Redezeit ist nicht einzuhalten. Polit-Talkshows sind daher Diskussionen, das Kanzler-Duell dagegen eine Debatte.

Ich selbst habe über zehn Jahre debattiert und es machte mir großen Spaß, eigene Argumente für oder gegen eine zugeloste These zu finden und spontan auf die Argumente meines Vorredners zu reagieren. Gerade der letztere Aspekt macht die Debatte so schwierig. Denn natürlich kann man die Argumente des Vorredners nicht komplett erahnen und muss spontan und schnell eine Widerlegung finden. Die studentischen Debatten finden immer mit mehreren Rednern statt. Da du wahrscheinlich nicht gleich den nächsten Debattierclub aufsuchen wirst, aber durchaus einen Freund finden kannst, mit dem du eine Debatte ausprobierst, möchte ich dir im Folgenden meine «1:1 Debatte» vorstellen, die ich oft und gern in meinen Rhetorik-Seminaren veranstalte.

Die 1:1 Debatte

In der 1:1 Debatte gibt es folgenden Ablauf, der auch unten grafisch abgebildet wird.

- Debattiert wird über ein Thema, wobei zugelost wird, wer Pro und wer Contra redet. Beide Debattanten haben 15 Minuten, um ihre Argumente vorzubereiten.
- Die Rededauer kann variiert werden. Im Folgenden empfehle ich eine kurze Redezeit.
- Es beginnt die Pro-Seite mit zwei Minuten Redezeit, in der sie ihre vorbereiteten Argumente vorstellt.
- Anschließend hat die Contra-Seite als erstes die Aufgabe, die Argumentation von Pro zu widerlegen. Dafür hat sie zwei Minuten Zeit, bevor sie mit ihrer eigenen Argumentation startet. Das ist die sogenannte Widerlegung.
- Nach der Widerlegung spricht die Contra-Seite weitere zwei Minuten. Nun bringt sie ihre eigenen, in der Vorbereitungszeit konzipierten Argumente.
- Am Ende bekommt die Pro-Seite zwei Minuten Zeit, um die neuen Argumente der Contra-Seite zu widerlegen.

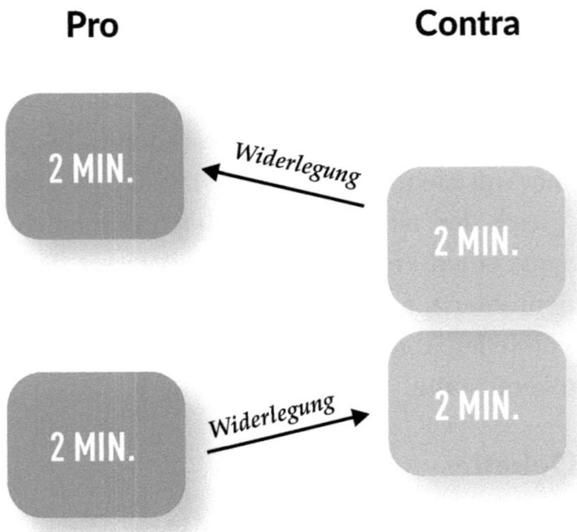

Die kurze Version der 1:1 Debatte dauert also nur acht Minuten. Der zeitliche Ablauf sollte aus Fairness mit einer Stoppuhr eingehalten werden. Fortgeschrittene können die Redezeit gleich erhöhen. Bei Debattier-Weltmeisterschaften dauert eine Rede übrigens sieben Minuten.

Schöne Themenvorschläge für eine spannende Debatte:

1. Der Doktortitel sollte abgeschafft werden.
2. Studiengebühren von 1.000 Euro pro Semester sollten eingeführt werden.
3. Bewerbungen sollten anonym eingereicht werden, also ohne Foto und Angaben zu Herkunft und Alter.

Wie gesagt: Für die 1:1 Debatte brauchst du einen Mitspieler, der mit dir debattiert. Die Debatte ist übrigens eine wunderschöne Übung für das Zuhören. Denn eine gute Widerlegung kann dir nur dann gelingen, wenn du aktiv zuhörst. Schau dir jetzt gern meinen Vortrag zum Thema «Die 10 Stufen des Zuhörens» auf YouTube an:

JETZT SCANNEN!

https://www.youtube.com/watch?v=fb1DEBJ3DqQ

Komplexe Debattenformate

Auf studentischen Wettbewerben hatten wir etwas komplexere Debattierformate. So werden die Europa- und Weltmeisterschaften im sogenannten «British Parliamentary Style» abgehalten. In Deutschland beliebt ist auch die sogenannte «Offene Parlamentarische Debatte». Zu beiden Formaten könnte man ein ganzes Buch schreiben. Wenn dich das Debattieren interessiert, so gibt es mittlerweile über 60 Debattierclubs – und jedes Jahr kommen neue dazu. Tipp einfach deine Stadt in Kombination mit dem Wort «Debattierclub» bei Google ein – und du findest schnell einen Club.

Zwar sind die Debattierclubs eher für Studenten gedacht, doch sind die jungen Menschen sehr offen für debattierfreundliche ältere Menschen. Bei uns in München, und auch anderswo, gibt es also keine Altersbeschränkung. Zumal man sich ja beim ersten Mal die Debatte auch als Zuschauer anschauen kann. Niemand wird dich zum Mitmachen zwingen. Debattanten beißen nicht. Seit Kurzem scheint es auch so, dass Debattierclubs auch von Erwachsenen organisiert werden, suche dazu einfach unter Allgemeiner Deutscher Debattierclub – in fünf bis zehn Jahren wird das Debattieren hoffentlich auch unter Erwachsenen großer Beliebtheit erfreuen. Falls du Vater oder Mutter bist, so gibt es auch immer mehr Schulen, die bei Jugend debattiert mitmachen – auch dazu reicht eine kurze Recherche im Internet (https://www.jugend-debattiert.de). Ich für meinen Teil hätte liebend gern bereits als Schüler debattiert! Vielleicht dein Sohn oder deine Tochter auch? Bevor man es nicht ausprobiert, kann man es ja nicht wissen…

6

SCHLUSS:

Überzeugen und überzeugt werden

Jetzt kennst du alle relevanten Einsteiger- und Fortgeschrittenentipps zum Thema Rhetorik. Wenn du sie beherzigst, wird deine Überzeugungskraft um das Vielfache steigen. Sowohl in Präsentationen als auch in eins-zu-eins-Gesprächen.

Einen letzten Gedanken möchte ich dir noch mitgeben: Es geht auch darum, sich von anderen überzeugen zu lassen, wenn sie das bessere Argument haben. Häufig erlebe ich, dass Menschen andere überzeugen wollen, aber überhaupt nicht bereit sind, sich auf die Argumente des Gegenübers oder der Zuhörer einzulassen. Überzeugen ist aber keine Einbahnstraße! Denn häufig versuchen uns die anderen ja auch, von ihren Gedanken zu überzeugen. Diesen Gedanken sollten wir natürlich auch eine Chance geben. Schließlich wollen wir ja auch, dass die anderen unseren Gedanken eine Chance geben.

Den Prozess des Überzeugt-Werdens kannst du unter anderem dadurch ankurbeln, dass du spannenden Thesen kluger Menschen zuhörst. Genau dafür habe ich vor mehreren Jahren einen Rhetorik-Podcast ins Leben gerufen und lade dort regelmäßig Gäste mit einer starken Überzeugungskraft ein. Sie reden über die unterschiedlichsten Themen wie Klimawandel, staatliche Zwangsmaßnahmen, Inflation, Psychologie und Persönlichkeitsentwicklung und bringen spannende Argumente mit, auf die wir uns einlassen könnten. Der Podcast ist natürlich kostenlos – und in Solo-Folgen (einige von ihnen hast du ja bereits im Verlauf des Buches gehört) gebe ich weitere Kommunikationstipps in den Bereichen Verhandeln, Verkaufen, Weiße Rhetorik, Dunkle Rhetorik und vieles mehr.

Hier kommst du zu allen Folgen meines Podcasts «MENSCHEN ÜBERZEUGEN»:

JETZT SCANNEN!

https://argumentorik.podbean.com/

Ein letzter Hinweis: Dieses Buch ist Teil meiner mehrbändigen Buchreihe namens *Kommunikation Masterclass.* Wenn es dir gefallen hat, dann schau doch gleich beim Buchhändler deiner Wahl nach den anderen Titeln dieser Buchreihe. Ich würde mich sehr freuen, wenn wir wieder zueinander finden!

Rhetorische Grüße,

Dein Wlad

Über den Autor

Wladislaw Jachtchenko, oder einfach Wlad, ist dreifacher SPIEGEL-Bestsellerautor, gefragter Vortragsredner und einer der führenden Rhetorik- und Führungskräftetrainer im deutschsprachigen Raum. Er ist Gründer und Geschäftsführer der Argumentorik-Akademie GmbH (www.argumentorik.com) und hilft Menschen, durch verbesserte Kommunikation beruflich erfolgreicher zu werden. Sein Motto: Die Qualität deiner Kommunikation bestimmt deinen Erfolg!

Wlad wurde in der Ukraine geboren, kam mit 10 Jahren nach Deutschland und sprach bei seiner Ankunft kein einziges Wort Deutsch. Schnell hat er als kleiner Junge verstanden: Wer nicht kommunizieren kann, wird übersehen. Also lernte er schnell Deutsch und machte aus seiner Schwäche eine Stärke. Heute hilft er mit seinen eigens entwickelten Modellen Hunderttausenden Angestellten und Führungskräften, besser zu kommunizieren und zu überzeugen. Zu seinen mittlerweile auch international verbreiteten Modellen zählen „Die 10 Stufen des Zuhörens", das „SEXIER-Argumentationsmodell" und die „5 Rollen einer Führungskraft", welche unter anderem in den USA, Japan, Russland, Tschechien, Taiwan, Brasilien, Spanien und Frankreich populär geworden sind.

Wlad hat Politikwissenschaft, Rechtswissenschaft, Neuere Geschichte und Vergleichende Literaturwissenschaft in München und New York City studiert. Er war Jahrgangsbester an seinem Gymnasium in Osnabrück, Stipendiat der Studienstiftung des deutschen Volkes und ist Volljurist (beide Staatsexamina in Bayern) und **Politologe** (Master of Arts an der Columbia University in New York City).

Nach seiner Tätigkeit als Jurist in einer Münchener Kanzlei und nach seiner Arbeit als wissenschaftlicher Mitarbeiter bei den Vereinten Nationen in New York City ist er dem Ruf seiner Leidenschaft gefolgt und arbeitet seit über einem Jahrzehnt Vollzeit und mit Vollblut als Trainer, Speaker und Business Coach. **Sein Flaggschiff-Programm ist die 6-monatige Führungskräfte-Ausbildung,** in der er Führungskräfte und ambitionierte Angestellte Woche für Woche persönlich coacht, damit sie ihre beruflichen Ziele schneller erreichen. Er wird als Rhetorik- und Führungstrainer von Unternehmen wie Allianz, Westwing, Trivago, 3M und vielen anderen gebucht, um Teams und Führungskräfte inhouse zu coachen, und verfügt über die Fähigkeit, auch komplexe Inhalte einfach und unterhaltsam zu vermitteln.

Wlads Mission ist es, bis 2030 insgesamt 1 Million Führungskräfte zu besseren Leadern auszubilden und sie zu befähigen, mithilfe der „5 Rollen einer Führungskraft" die Herausforderungen des Alltags mit Leichtigkeit zu lösen. Sein gleichnamiges Buch wurde 2024 Wirtschaftsbestseller und hat bereits über 100.000 Führungskräften (und denen, die es werden wollen) geholfen, eine bessere Führungskraft zu werden. Seiner Philosophie zufolge sollte eine charismatische Führungskraft ein überzeugender Kommunikator, ein geschickter Problemlöser, ein motivierender Team-Leader, ein empathischer Psychologe und ein effizienter Manager sein. Alle diese „5 Rollen einer Führungskraft" sind trainierbar und helfen dabei, ein positives Arbeitsklima zu etablieren und die Unternehmensziele zu erreichen. Einen ersten Einblick in Wlads Leadership-Philosophie bekommst du in seinem Vortrag, den du dir über den folgenden QR-Code auf YouTube anschauen kannst:

JETZT SCANNEN!

https://www.youtube.com/watch?v=T2Gp3OixZU8

Falls dir dieses Buch gefallen und bereits geholfen hat und du die Art, wie Wlad die Inhalte vermittelt, gut findest, hast du die Möglichkeit, dich jetzt für ein **kostenloses Strategiegespräch** anzumelden. Dort bekommst du von seinem Team clevere Fragen gestellt, mit deren Hilfe du deinen „Karrierestopper" schneller identifizieren und mit Wlads Hilfe überwinden kannst. Sein Team nimmt sich gern Zeit für dich! Denn die gesamte Argumentorik-Akademie liebt und lebt die Mission, 1 Million Führungskräfte in Deutschland charismatischer, sympathischer und produktiver zu machen. Wir freuen uns auf das Gespräch mit dir! Scanne dazu einfach diesen QR-Code:

JETZT SCANNEN!

https://werde-menschenmagnet.de/ausbildung

Weitere Bücher des Autors

Effektiver kommunizieren:

Jeder kann zum Kommunikations-Genie werden! Unser Alltag wird von Kommunikation bestimmt – ob im privaten oder beruflichen Umfeld. Wir kommunizieren immer und überall und dennoch setzen wir uns kaum mit dem Thema auseinander, geschweige denn, dass wir mehr darüber lernen. So ist es nicht verwunderlich, dass oft «falsch» kommuniziert wird und in der Folge Missverständnisse und Konflikte entstehen. In diesem Buch erklärt Europas Top-Speaker, worauf es bei der Alltagskommunikation und ihren vier Ebenen ankommt. Erlerne die zehn Grundgesetze der Kommunikation, sodass deine Botschaften in Zukunft wirklich ankommen.

Die Körpersprache als Spiegelbild deiner Seele: So strahlst du von innen nach außen.

Unsere Körpersprache beeinflusst, wie wir von anderen wahrgenommen werden. Oft wird versucht, durch schnelle Techniken charismatischer zu wirken. Doch Wladislaw Jachtchenko zeigt in seinem Buch, dass äußere Haltung und innere Einstellung eng verbunden sind. Du lernst die zehn Gebote der Körpersprache kennen – vom Blickkontakt bis zur Stimme – und erfährst, wie du Glaubenssätze transformierst, die dich einschränken. Mit praktischen Tipps vom Kommunikationsexperten wirst du deine Körpersprache nachhaltig verbessern und deine Botschaften überzeugend vermitteln.

Die 5 Rollen einer Führungskraft

Fachkompetenz ist nicht alles – vor allem in der Führungsebene. Mindestens genauso wichtig ist Führungskompetenz, die jedoch viel zu kurz kommt. Das Resultat: Konflikte, fehlende Motivation und mäßige Kommunikation im Team. Wie Sie als Führungskraft Anerkennung finden und mithilfe der weltweit besten Führungs-Tools Ihre Leadership-Skills merklich verbessern, zeigt Ihnen Führungskräfte-Trainer Wladislaw Jachtchenko.

Die Kraft der Positiven Psychologie: Mit dem richtigen Mindset zu mehr Selbstbewusstsein und Gelassenheit

Bist du dein größter Kritiker? Fehlt dir Selbstvertrauen, und fühlst du dich oft von der Meinung anderer verunsichert? In seinem Buch zeigt Bestsellerautor und Business-Coach Wladislaw Jachtchenko, wie du mit den 7 Schritten der Positiven Psychologie dein Selbstbewusstsein stärkst, deinen inneren Kritiker überwindest und unabhängiger wirst. Lerne, dir selbst zu vertrauen, gelassen mit Kritik umzugehen und das Leben selbstbestimmt zu meistern. Starte jetzt mit „Die Kraft der Positiven Psychologie" und finde deinen eigenen Weg zu mehr Gelassenheit.

Anmerkungen:

1: Platons Kritik an der Rhetorik wird besonders deutlich in seinen sehe lesenswerten Dialogen Phaidros und Gorgias (empfohlene Übersetzung: Friedrich Schleiermacher).

2: Das wohl bekannteste und beste Buch zur Rhetorik ist die Rhetorik des Aristoteles (empfohlene Übersetzung: Christof Rapp).

3: Quintilians monumentale Ausbildung des Redners in 12 Bänden ist keine leichte Kost, doch wer sich an sie wagt, bekommt die beste Zusammenfassung der Rhetoriktheorie der Antike (empfohlene Übersetzung: Helmut Rahn).

4: Ciceros bekanntestes Werk zur Rhetorik ist De Oratore (empfohlene Übersetzung: Harald Merklin).

5: Dieses berühmte Zitat stammt aus dem Buch Menschliche Kommunikation aus dem Jahr 1967, welches er mit den beiden Co-Autoren Janet Beavin und Don Jackson im Original auf Englisch schrieb.

6: Leicht gekürzte Fassung der Ratschläge an einen guten Redner von Kurt Tucholsky, abrufbar unter http://www.rhetorik.ch/Tucholsky/Gut.html (letzter Zugriff: 14.04.2022).

7: Gekürzte Fassung der Ratschläge an einen schlechten Redner von Kurt Tucholsky, abrufbar unter http://www.rhetorik.ch/Tucholsky/Schlecht.html (letzter Zugriff: 14.04.2022).